Charles BOUVET

HUIT ANNÉES DE Musique Ancienne

(Fondation Jean-Sébastien BACH)

1903-1911

(avec deux poésies de Ch. Grandmougin)

PARIS

IMPRIMERIE CHAIX

MDCCCCXVII

HUIT ANNÉES
DE
Musique Ancienne

PROGRAMMES DES SÉANCES

données de 1903 à 1911 par CHARLES BOUVET

précédés d'un

ESSAI SUR L'ÉTAT DE LA MUSIQUE EN ANGLETERRE

aux XVIe, XVIIe et XVIIIe siècles

ainsi que sur le MADRIGAL ANGLAIS,

d'un APERÇU SUR LES INSTRUMENTS A CLAVIER

depuis le XIVe siècle jusqu'au XIXe

et de DEUX POÉSIES

spécialement écrites pour la FONDATION J.-S. BACH

(E. Pirou, phot. r. Royale.)

CHARLES BOUVET

Directeur de la Fondation J.-S. BACH

FONDATION JEAN-SÉBASTIEN BACH
DE PARIS

Instituée et dirigée par **Charles BOUVET**

MEMBRES HONORAIRES

MM. TH. DUBOIS, G. FAURÉ
ALEX. GUILMANT, V. D'INDY, CH. LEFEBVRE, G. MARTY,
G. PIERNÉ, P. TAFFANEL, J. TIERSOT, Mme PAULINE VIARDOT,
MM. P. VIDAL, CH.-M. WIDOR

En instituant cette Fondation et en la plaçant sous l'égide de l'immortel Musicien Jean-Sébastien BACH, je me suis donné pour but d'exécuter ou de faire exécuter à chacune de mes Séances au moins une Œuvre, vocale ou instrumentale, de J.-S. BACH, et de grouper autour de ce grand nom ceux des Maîtres charmants des XVIIe et XVIIIe Siècles.

CHARLES BOUVET.

CATALOGUE

DES ŒUVRES EXÉCUTÉES

A LA

FONDATION J.-S. BACH

ÉCOLE FRANÇAISE

Œuvres Instrumentales

COUPERIN (F.)

L'Apothéose de Corelli, 2 Vs et Clav.

L'Apothéose de Lulli, 2 Vs et Clav.

Les Nations *(La Françoise), sonate (mi min.)*, 2 Vs, B. de V. et Clav.

Sœur Monique, B. de V. et Clav.

Concerts royaux (concert *ré maj.*), V., B. de V. et Clav.

COUPERIN (A.-L.)

Sonate *(fa maj.)*, V. et P.

COUPERIN (G.-F.)

Sonate *(ut maj.)*, V. et P.

COUPERIN (L.)

Deux Symphonies, P. de V. ou V., B. de V. ou Velle, Cl. ou P.

Trois Fantaisies, P. de V. ou V. et Cl. ou P.

Grand Prélude, Clav.

Fantaisie, Clav.

Pièce de trois sortes de mouvement, Clav.

Branle Basque, Clav.

Sarabande en Canons, Clav.

Duo, Clav.

Le Tombeau de M. de Blanc-Rocher, Clav.

DUPORT (J.-P.)

Pièce *(ré maj.)*, Velle seul.

FORQUERAY (A.)

Le Carillon de Passy.

La Latour, B. de V. et Clav.

FRANCŒUR (F.).

Sonate *(mi min.)*, V. et P.

GAVINIÈS (P.)

Sonate *(sol min.)*, V. et P.

HERVELOIS (Caix d')

Le Papillon, B. de V. et Clav.

LECLAIR (J.-M.)

Sonate *(ut min.)*, V. et P. (le Tombeau).

Sonate à trois *(ré maj.)*, V., B. de V. ou Velle et Clav.

Pièces en duo, avec Basse chiffrée, V., Velle et Clav.

MARAIS (R.)

Suite *(si min.)* B. de V. et Clav.

MONDONVILLE (J.-J. C. de)

Sonate *(fa maj.)*, V. et P.

RAMEAU (J.-Ph.).

Pièces de Clavecin en Concerts, Clav., V. et Velle.

AUTEUR INCONNU

Suite d'Orchestre du XVIIe siècle français.

ÉCOLE FRANÇAISE

Œuvres Vocales

BOESSET (A. de)

Objet dont les charmes si doux, Sop.

Je suis blessé de mille dards, Sop.

Qu'Aminthe a de charmants appas, Sop.

CAMPRA (A.)

Les fêtes vénitiennes, *Air de la Farfalla*, Sop.

CLÉMENS (J. non papa)

Or, puisqu'il est si noble damoiselle, Sop.

CLÉRAMBAULT (L.-N. de)

Orphée, *Récitatif et air*, Sop.

COSTELEY (G.)

Mignonne, allons voir, Quatuor.

COUPERIN (F.)

Leçon de ténèbres, Motet, 2 Sop.
Petit Motet, 2 Sop.
Motet, Sop. et Fl.
Pastorale, *Air sérieux*, Sop.

CRÉQUILLON (Th.)

Quand me souviens, Sop.

GOUDIMEL

Psaume, Quatuor.

GUESDRON (P.)

Passion insensée, Sop.

JANNEQUIN (C.)

Ce moys de may, Quatuor.

JOSQUIN DES PRÉS

Stabat mater, Sop.

LULLY (J.-B.)

Persée, *Air de Méduse*, Contr.
Persée, *Air des Songes*, Contr.
Thésée, *Air de Vénus*, Sop.
Cadmus et Hermione, *Air de Cadmus*, Bar.
Armide, *scène finale*, Sop.

RAMEAU (J.-Ph.)

Le Berger fidèle, *Cantate française*, Sop. et Symph. Intégralement.

Orphée, *Cantate française*, Sop. et Symph. Intégralement.

Hippolyte et Aricie, *Récit et air de Thésée*, Bar.

Motet, *Quam dilecta*, Sop.

Dardanus, *Air d'Iphise*, Sop.

RICHARD (F.)

Amaranthe a des yeux, Sop.

ROUSSEAU (J.-J.)

Romance d'Alexis, Sop.

AUTEURS INCONNUS

Chants de la Vieille France : (J. TIERSOT)

XIIIe siècle : *La Belle au Rossignol*, Romance.
XIVe siècle : *Plainte de celle qui n'est pas aimée.*
XVe siècle : *L'amour de moi.*
XVIe siècle : *Mignonne, allons voir si la rose...*
XVIIe siècle : *Nicolas va voir Jeanne.*
XVIIIe siècle : *Bergère aux champs*, Sop.

AUTEURS INCONNUS

Chants populaires de France : (WEKERLIN-PÉRILHOU)

XVIIIe siècle : *Bergère légère.*
Chanson à danser, Sop.

AUTEURS INCONNUS

XVIIIe siècle : *Musette.*
Tambourin, Contr.

AUTEURS INCONNUS

XVIIe siècle : *Félicité passée*, Quatuor.
Temps passé, Quatuor.

ÉCOLE ITALIENNE

Œuvres Instrumentales

ABACO (E.-F. dell)

Sonata da Camera *(sol min.)*, 2 Vs et P.

CORELLI (A.)

Sonate *(ré maj.)*, V. et P.,
Sonate *(ré maj.)*, 2 Vs et P.
Concerto grosso *(ut min.)*, 2 Vs, Velle et Orch.

FRESCOBALDI (Gir.)

Due Canzoni, 2 Vs et P.

GABRIELI (Giov.)

Sonate, 3 Vs et P.

LEO (Leo.)

Concerto *(ré maj.)*, 4 Vs et P.

LOCATELLI (P.)

Cantabile, B. de V. et Cl.

MARCELLO (B.)

Sonate *(ré min.)*, Fl. et P.

TARTINI (G.)

Sonate *(sol min.)*, V. et P. *(Didone desolata)*.

TORELLI (G.)

Concerto *(sol maj.)*, 2 Vs et P.

VERACINI (A.)

Sonata a tre *(ut min.)*, 2 Vs et P.

VIVALDI (A.)

Concerto *(si min.)*, 4 Vs soli, Orch. à cordes et Clav.
Concerto *(fa maj.)*, 3 Vs et P

ÉCOLE ITALIENNE

Œuvres Vocales

CALDARA (A.)

Sebben Crudele, Bar.

CARISSIMI (J.)

Lamentations de la Fille de Jephté, Sop.

Plaintes d'Ézéchias, Tén.

CAVALLI (Fr.)

Giasone, *Air : Un vague espoir de tes yeux aimés,* Sop.

LOTTI (A.)

Pur dicesti, Sop.

MANFROCE (N.)

Povero cor, Bar.

PAESIELLO (G.)

Chi vuol la Zingarella, Bar.

PERGOLESE (G.-B.)

Si tu m'amî, Sop.

SCARLATTI (A.)

Le Violette, Sop.

STADELLA (A.)

Prière, Bar.

STROZZI (B.)

Amor dormiglione, Bar.

ÉCOLE ALLEMANDE

Œuvres Instrumentales

BACH (J.-S.)

Ouverture *(si min.)*, Orch. cordes, Fl. et Cl.
Concerto *(la min.)*, Fl. V. Orch.
Concerto *(ré min.)*, 2 V^{s}, Orch. et Clav.
Concerto Brandbourgeois *(si bémol)*, 2 A., 2 B. de V. 1 V^{elle}, 1 C. B.
Concerto Brandbourgeois *(ré maj.)*, Fl., V., P., Orch. et Clav.
Fugue *(sol.min.)*, V. et P.
Fugue *(sol min.)*, Org.
Invention *(si min.)*, V. et P.
Invention *(ré maj.)*, V. et P.
Invention *(ut min.)*, V. et P.
Invention *(si bém.)*, V. et P.
Morceau instrumental, H^{ois}, V. et B. de V.
L'Offrande Musicale (intégralement).
Sonate *(ut min.)*, V. et P.
Sonate *(fa min.)*, V. et P.
Sonate *(si min.)*, V. et P.
Sonate *(mi maj.)*, V. et P.
Sonate *(la maj.)*, V. et P.
Sonate *(mi min.)*, V. et P.
Sonate *(sol maj.)*, V. et P.
Sonate *(ut min.)*, V. et P.
Sonate en trio *(sol maj.)*, Fl. V. et P.
Sonate *(mi bém.)*, Fl. et P.
Sonate *(ut maj.)*, 2 V^{s} et P.
Sonate *(sol maj.)*, V^{elle} et P.
Suite *(ré maj.)*, V^{elle} seul.

BACH (J.-S.)

Suite *(ut maj.)*, V^{elle} seul.
Choral *Smiick dich, o liebe Seel* Pare-toi, ô chère âme, Org.
Choral *Nun Komm'der Heiden Heiland* (Org.).
Pastorale, en 4 parties, Org.

BACH (W. F.)

Sonate *(mi bém.)*, V. et P.
Capriccio, P.

BACH (K.-Ph.-E.)

Sonate *(ut min.)*, V. et P.
Sonate *(sol min.)*, 2 V^{s} et P.

BACH (J.-Christophe)

Sonate, P.

BACH (J.-Christian)

Trio *(ré maj.)*, V. V^{elle} et P.
Andante, P.

BALTZAR (Th.)

Allemande *(ut min.)*, V. et P.

GLUCK (C. W.)

Sonate *(sol min.)*, 2 V^{s} et P.

HAENDEL (G.-F.)

Sonate *(la maj.)*, V. et P.
Sonate *(sol min.)*, 2 V^{s} et P.
Sonate *(ré maj.)*, V. et P.

TÉLÉMAN (G.-Ph.)

Musique de table, 2 V^{s} et P.

ÉCOLE ALLEMANDE

Œuvres Vocales

BACH (J.-S.)

Cantate nuptiale : *O holder Tag erwünschte Zeit*, Sop. et Orch. Intégralement.

Cantate italienne : *Non sa che sia dolore* Sop. et Orch. Intégralement.

Cantate italienne : *Amore Traditore* Basse et P. Intégralement.

Cantate : *Heer, gehe nicht in's Gericht*. Air : *O flammes cruelles*. Sop. et Haut. d'amour.

Cantate pour tous les temps Sop. et H^ois^ d'amour.

Cantate pour les élections municipales de Leipzig. Tén.

Cantate pour l'anniversaire de naissance du duc de Saxe *Air de Pales*. Sop.

Cantate pour le lundi de la Pentecôte. Sop.

Cantate pour la fête de Maria Reinigung. Bar.

Cantate pour le Dimanche de la Nativité. Sop.

Geistlische leider. Sop.

Messe *(si min.)*, Laudamus te. Sop. et V.

Passion selon saint Mathieu Sop.

Passion selon saint Mathieu Contr. et V.

Passion selon saint Jean Contr. et B. de V.

BACH (J.-S.)

Gratulations-Cantate Contr.

Cantate pour le 1er Dimanche de l'Épiphanie Sop.

Cantate pour la fête de Pâques Sop. et Contr.

Cantate pour le 1er Dimanche de l'Avent Sop.

Deux Chorals, Quatuor.

BACH (K.-Ph.-E.)

Israélites au Désert, Sop.

Pétrus, Contr.

BACH (J.-Christian)

Rondo Sop.

Gia notte la Saviccina Sop. et Contr.

GLUCK (C.-W.)

Armide, *Air de la Naïade* Sop.

Iphigénie, *Air d'Agamemnon* Bar.

Alceste, *Scène des Enfers*, Sop.

HÆNDEL (G.-F.)

Le Messie, *Wer mag den tag...* Bar.

Rodelinda, *Air du Printemps* Sop.

Rinaldo, *Laschia chio pianga* Bar.

Sosarme, *Air d'Elmira* Sop.

ÉCOLE AUTRICHIENNE

Œuvres Instrumentales

BENDA (Fr.)

Sonate *(la min.)*, V. et P.

BIBER (E.-H. de)

Sonate *(ut min.)*, V. et P.

HAYDN (F.-J.)

Sonate *(sol maj.)*, V. et P.
Quatuor à cordes *(sol maj.)*.

MOZART (A.-W.)

Quatuor *(ré maj.)*, Cordes.
Quatuor *(sol min.)*, P. et Cordes.
Divertiments, V. A. et Velle.
Trio *(mi bém.)*, Clar. A. et P.
Sonate *(sol maj.)*, P. et V.

ÉCOLE AUTRICHIENNE

Œuvres Vocales

HAYDN (F.-J.)

Les Saisons, *Air du Laboureur*, Bar.

Lieder, *Chant d'amour. Dans le soir. Idylle*, Sop.

Les Saisons, *Trio et Quatuor.*

MOZART (A.-W.)

Berceuse, Sop.

Noces de Figaro, *Air de Chérubin*, Je ne sais quelle ardeur..., Sop.

MOZART (A.-W.)

Noces de Figaro, *Air de Suzanne*, Sop.

Idomeneo, *Air d'Idamante*, Tén.

Idomeneo, *Récit et air d'Electre*, Sop.

Ariette, *Oiseaux, si tous les ans.*

Ariette, *Dans un bois solitaire.*

Canzonetta, *Ridente la calma*, Tén.

ÉCOLE ANGLAISE

Œuvres Instrumentales

ANON

Almand, *The Irishe Ho-Hoane,* Virginal.

BLOW (Dr J.)

Prélude, *Courante et Fugue,* Virginal.

BOYCE (W.)

Sonate *(la maj.),* 2 Vs et P.

BULL (J.)

The King's hunting Jigg, Virginal.

BYRD (W.)

Pavana, The Earle of Salisbury, Virginal.

FARNABY (G.)

A Toye, Virginal.

GIBBONS (O.)

Preludio, Virginal.

The Queen Command, Virginal.

JOHNSON (Rob.)

Almand, Virginal.

JONES (R.)

Chamber Air's *(la min.),* V. et P.

PEERSON (M.)

The Fall of the Leafe, Virginal.

PHILLIPS (Pet.)

Galliarde, Virginal.

PURCELL (H.)

Sonate *(sol min.),* V. et P.

Sonate *(fa maj.),* 2 Vs et P., *(Golden sonate).*

Sonate *(la min.),* 2 Vs et P.

SIMPSON (Th.)

Pasameza con Variazoni, 2 Vs, 2 As et Vlle.

ÉCOLE ANGLAISE

Œuvres Vocales

ARNE (Th.-A.)

The topsails shiver in the Wind, Contr.

By dimpled Brook, Sop.

Where the Bee Sucks, Sop.

Artaxercès, Sop. et Contr.

BATESON (Th.)

Down the Hills Corina trips, *Madrigal à 5 voix.*

BOYCE (W.)

Heart of Oak, Contr.

CAMPION (Th.)

Follow your Saint, *Air à voix seule,* Sop. avec Luth et B. de V.

I care not for these ladies, *Air à voix seule,* Tén. avec Luth et B. de V.

DOWLAND (J.)

Say, Love, if ever thou Didst find, *Madrigal à 4 voix.*

LICHFIELD (H.)

I always lov'd to call my lady Rose, *Madrigal à 5 voix.*

MUNDY (J.)

Hear my Prayer, O Lord, *Madrigal à 3 voix.*

PURCELL (H.)

Didon et Énée, *Dido's lament,* Contr.

Tyrannich Love, *Ah, how sweet it is to love,* Sop.

The Indian queen, *I attempt from love's sickness to fly,* Sop.

The Libertine, *Nymphs and Schepherds,* Sop.

ROSSETER (Ph.)

What then is love but mourning, *Air à voix seule,* Sop. avec Luth et B. de V.

If I hop I pine.

If I urge my kind desires, *Airs à voix seule,* Sop. avec Luth et B. de V.

And would you see my Mistris' face.

When Laura smiles.

If she forsake me, *Air à voix seule,* Tén. avec Luth et B. de V.

VAUTOR (Th.)

Mother, I will have a husband, *Madrigal à 5 voix.*

WILBYE (J.)

Happy, oh, Happy he, *Madrigal à 4 voix.*

ÉCOLE ESPAGNOLE

Œuvres Instrumentales

CABEZÔN (Ant. de)

Pavana itàliana, Org.
Pange lingua, Org.
Tiento del Tercer Tono, Org.
Te lucio ante terminum, Org.
Dic nobis, Maria, Org.

CABEZÔN (H. de)

Ad Dominem cum Tribulares, Org.
Pis ne me puluenir, Org.
Dulce memorial, Org.

CABEZÔN (J. de)

Pues à mi desconsolado tantos males me rodean, Org.

MILAN (L.)

Pavanas, Luth.
Qua la bella Franceschina, Luth.
Tañer de Gala, Luth.

MUDARRA (A. de)

Pavana, Guitare.
Romanesca, Guitare.
Pavana de Alexandre, Luth.
Fantasia, Luth.

NARVAÈS (L. de)

Cancion, *Mille Regrés*, Luth.

TORRE (F° de la)

Aire de danza para instrumentos, D. de V., Viole et B. de V.

URREDA

Pange lingua, Org.

ÉCOLE ESPAGNOLE

Œuvres Vocales

CABEZÒN (Ant. de)

Dos canciones religiosas, Quatuor.

DAZA (E.)

Villanesca, Sop. avec Luth.

FUENLLANA (M. de)

Romances, Sop. avec Luth.

GUERRERO (F.)

Magnificat, Quatuor.

MORALÈS (Chr.)

O vos omnes qui transit per viam, Quatuor.

PÉREZ (J.-G.)

Confitebor tibi, Dominum, (Psaume 137), Quatuor.

PISADOR (D.)

Romances, Sop. avec Luth.
Andechas, *Élégie,* Sop. avec Luth.
Villancicos, Sop. avec Luth.

VALDERRABANO (A. de)

Proverbio, Sop. avec Luth.
Cancion, Sop. avec Luth.
Soneto, Sop. avec Luth.

AUTEUR INCONNU

Domine ad adjuvendum me, Quatuor.

ABRÉVIATIONS

V., Violon; A., Alto; Velle, Violoncelle; C. B., Contre-Basse; Fl., Flûte; Hois, Hautbois; Clar., Clarinette; P., Piano; D. de V., Dessus de Viole; B. de V., Basse de Viole (Viole de Gambe); P., Piano; Cl., Clavecin; Org., Orgue; Orch., Orchestre.

Sop., Soprano; Contr., Contralto; Tén., Ténor; Bar., Baryton.

ESSAI SUR L'ÉTAT de la musique en Angleterre

AUX XVIe, XVIIe ET XVIIIe SIÈCLES

RÉSUMÉ

d'une Causerie faite par M. CHARLES BOUVET,
le 30 avril 1909,
à l'une des séances dont on trouvera plus loin les programmes.

On se fait, en général, une assez fausse idée de la musique anglaise; à part Hændel, pour qui d'ailleurs l'Angleterre n'était qu'un pays d'adoption, la Grande-Bretagne semblerait n'avoir produit aucun artiste digne d'intérêt.

En fait, les XVIe, XVIIe et XVIIIe siècles représentent, au contraire, pour l'Angleterre une période d'extrême activité musicale.

Un enseignement sérieux, dirigé par des maîtres éminents, donnait aux jeunes musiciens une technique profonde et une connaissance absolue des différentes branches de leur art. On vit alors se répandre, non seulement à Londres mais sur le territoire entier de la Grande-Bretagne, toute une pléiade de compositeurs et d'organistes du plus haut mérite.

Les souverains qui régnèrent successivement à l'époque dont nous nous occupons : Henri VIII, Édouard VI, les reines Marie et Élisabeth, ainsi que Charles Ier et Charles II, entretenaient de leurs deniers une chapelle particulière et s'intéressaient à ce point à l'art et aux artistes que l'on vit, en 1596, la reine Élisabeth proposer John Bull pour remplir les fonctions de professeur de musique au Grecham College.

L'exemple royal était suivi par la société cultivée, et surtout par les lords, qui tenaient à honneur de constituer et de subventionner des corps de musique spécialement attachés à leur personne.

Au début de cette période, c'est-à-dire pendant le XVIe siècle et la première moitié du XVIIe, les œuvres des musiciens italiens, flamands, allemands et français étaient sinon inconnues, du moins fort peu connues en Angleterre, aussi la musique de ce temps présente-t-elle une fraîcheur, un charme tout particuliers; on peut dire qu'alors se constitua une école vraiment nationale. Ce n'est qu'ensuite, lorsque de nombreuses éditions répandirent partout les compositions des auteurs continentaux, que l'influence de ces maîtres se fit sentir dans les productions anglaises; cependant il semble qu'en traversant le détroit l'art ait pris une physionomie différente, si différente même que l'apport étranger disparaît à peu près complètement, et laisse pour ainsi dire toute la place à l'originalité nationale.

A notre avis, les musiciens anglais s'étaient surtout assimilé les procédés contrapuntiques continentaux, mais en mettant ces procédés au service d'impressions puisées dans la nature de leur pays et de sentiments propres à leur race et à leur culture.

Les chants populaires de l'Écosse et de l'Irlande paraissent être la source à laquelle l'art primitif anglais a puisé son originalité.

Ce sujet demanderait toute une étude; nous tâcherons un jour de la lui consacrer.

C'est surtout à la musique religieuse vocale et à la musique d'orgue que les artistes anglais ont apporté le tribut de leur talent; la quantité de messes, psaumes, motets, hymnes et antiennes que l'école anglaise des XVIe, XVIIe et XVIIIe siècles nous a laissés est innombrable.

La musique profane fut également très cultivée au XVIe siècle en Angleterre, où le madrigal s'est maintenu jusqu'à nos jours grâce à la Madrigal Society de Londres (fondée en 1741).

Cependant, si la musique vocale était en faveur, la musique instrumentale ne fut jamais négligée; on reste confondu devant l'énorme production de pièces pour le harpsichord (clavecin), le virginal (sorte d'épinette), de sonates pour violon et basse, pour deux violons et basse, etc.

Quant à l'art dramatique, à part quelques essais de masques qui semblent plutôt se rapprocher de la forme opéra-comique que de celle de l'opéra, les tentatives faites dans cet ordre d'idées sont peu heureuses; il était réservé au génie de Henry Purcell d'abord d'introduire les instruments autres que l'orgue dans la musique d'église, ensuite et surtout de créer l'opéra anglais, auquel il eut l'honneur de donner sa forme définitive.

Et maintenant, si nous considérons les siècles d'activité et de prospérité de l'art musical anglais, comment expliquer la brusque disparition de cette école, égale des plus illustres?

Il faut en chercher la cause dans l'*Imitation.*

Deux artistes sont venus en Angleterre : d'abord Cambert, imposé par Charles II, puis Hændel, et y ont apporté le mal destructeur.

Les musiciens anglais, en voulant copier le maître français et le maître allemand, ont tué le génie national et... en sont morts.

Une étude du *madrigal anglais* aurait été tout a fait à sa place ici : j'y ai cependant renoncé, préférant, pour aujourd'hui, vous faire entendre de la musique et reporter à une date ultérieure un travail spécial sur ce sujet.

Je me bornerai à rappeler, le plus succinctement possible, les origines et la brillante carrière du madrigal.

On fait dériver le mot Madrigal de *mandra* (troupeau) et de *gal* (mélodie), et c'est aux troubadours provençaux que reviendrait l'honneur de l'invention de cette forme artistique qui, par ses diverses transformations, devait être si féconde pour l'art musical.

A son aurore, le madrigal était donc une mélodie pastorale (à plusieurs voix, bien entendu).

Plus tard, dans la première moitié du XVIe siècle, le madrigal, écrit pour trois, quatre, cinq et même six voix (de préférence à cinq voix), sur des paroles profanes, souvent même fort galantes, le madrigal, dis-je, devint une adaptation de la chanson populaire, mais rehaussée par l'art puissant et savant du contrepoint.

Le madrigal, d'abord uniquement vocal, se transforma rapidement; bientôt les instruments vinrent renforcer les voix et même se substituer à elles; les luths, théorbes, violes, cornets et trombones prirent la place de ténors, de soprani ou de basses absentes ou faibles.

Souvent même un madrigal ne s'exécutait que sur des instruments.

Les compositeurs prirent leur parti de ces substitutions; bien plus, ils les mirent à profit, et l'on vit naître ainsi le *concert de chambre.*

Cette tendance conduisit, peu à peu, à la *symphonie d'orchestre.*

On eut aussi, bien vite, l'idée d'arranger pour le luth les madrigaux les plus en vogue, en gardant toutefois une des parties chantées, de préférence le *superius,* tandis que les autres s'exécutaient sur l'instrument en question.

De ce fait voici créé l'*air à voix seule.*

Les premières tentatives de musique scénique ne furent, tout d'abord, qu'une succession de madrigaux à une ou plusieurs voix avec accompagnement de luths, théorbes, violes, flûtes, hautbois, bassons, cornets et trombones.

C'est ainsi que le madrigal fut à la fois le point de départ de la musique instrumentale pure (*quatuor à cordes* et *symphonie*), de la monodie accompagnée (*air à voix seule*) et l'*ancêtre de l'opéra.*

Un des musiciens qui paraît avoir le plus contribué à la vogue extrême de la forme madrigalesque est le compositeur néerlandais Jacques ou Jacob Arcadelt, né à la fin du XVe siècle ou plutôt au commencement du XVIe, maître de chant au Parvisium de la Chapelle pontificale de Rome, puis chantre, et enfin abbé camerlingue de cette même chapelle.

Son premier livre de madrigaux, publié à Venise, en 1538, n'eut pas moins de *quatorze éditions.*

APERÇU
sur les instruments à clavier
DEPUIS LE XIVe SIÈCLE JUSQU'AU XIXe

La construction des instruments à clavier semble s'être tout d'abord développée en Angleterre; c'est du reste dans ce même pays que se forma la première littérature notable pour les instruments de ce genre.

C'est à la fin du XIIIe et au commencement du XIVe siècle que l'on trouve les plus anciennes dénominations d'instruments à clavier; ces dénominations sont : *Exaquir*, *Esquaquiel*, ou encore *Eschiquier*.

Guillaume de Machau, poète et musicien français, né vers 1284 au village de Machau près de Rethel, décrit un de ces instruments en l'appelant : Eschiquier d'Angleterre.

Les instruments de cette époque étaient constitués par une caisse de résonance sur laquelle les cordes étaient tendues dans le sens de la largeur, et mises en vibration *par le frottement;* en outre, il existait un système comprenant une série de chevalets de bois disposés à intervalles fixes et mus, chacun isolément, par une touche dont l'enfoncement avait pour effet d'appliquer le chevalet correspondant contre la corde et de ne laisser ainsi vibrer qu'une partie de celle-ci.

Au XVe siècle apparaît le *Clavicorde*, instrument dans lequel les chevalets de bois sont remplacés par des languettes de métal qui, fixées à l'extrémité inférieure des touches, ne se bornaient pas à diviser les cordes mais aussi les faisaient vibrer.

Le nom générique d'*Eschiquier* donné aux instruments des XIVe, XVe et XVIe siècles vient de ce que n'ayant pas de pieds et analogues à une simple caisse on les plaçait sur une table.

Peu après le clavicorde apparut le *Clavicembalo*, dont le nom indique clairement qu'on le considérait comme un cymbalum (tympanon) muni d'un clavier.

La différence capitale entre le clavicorde et le clavicembalo réside dans ce fait que ce dernier a pour chaque touche une corde spéciale accordée au son correspondant à la touche et que, par conséquent, il n'a plus besoin du système de chevalets divisant la corde.

Le clavicembalo peut donc être considéré comme le véritable ancêtre du piano.

Le clavicorde garda toujours sa forme triangulaire, mais, de même que le clavicembalo, il fut, dans la suite, muni de pieds.

En Allemagne, le terme de clavicorde fut remplacé par celui plus simple de *Klavier*; d'autres dénominations synonymes s'introduisirent, telles que : *manicorde, monocorde*.

Le clavicorde était, en Allemagne du moins, préféré à tout autre instrument de ce genre; cette faveur peut être attribuée à un effet appelé : *Balancement* et réalisable seulement sur le *clavicorde*. Cet effet consistait en un petit mouvement de va-et-vient qui, imprimé à la touche par le balancement du doigt, se transmettait à la tangente, c'est-à-dire à la languette de métal, et produisait un léger frottement de la corde.

Quant au clavicembalo, il prit des développements variés; les petits instruments de cette espèce, carrés et en forme de table, reçurent le nom d'*Épinette*.

On a cru que l'instrument désigné par le nom de *Virginal* avait été ainsi dénommé afin de rendre hommage à Élisabeth d'Angleterre (la Reine virginale) qui régna de 1558 à 1603; ceci était une erreur puisque Virdung dans son histoire des instruments : Musica getuscht und ausgezogen durch Sebastianum Virdung, Priester von Ambert, *publiée en 1511*, désigne du nom de *Virginal* ce même petit instrument, lequel était restreint au grave, et dont le médium, par conséquent, se trouvait à l'octave supérieure de celui des grands instruments dans un rapport analogue à celui de la régale avec l'orgue. (Le *Virginal* était donc une sorte d'épinette.)

Les instruments de plus grande dimension, dont la forme correspondait à celle d'un triangle rectangle dont on aurait tronqué les angles aigus, prirent le nom de *Clavecin*, corruption de celui de *Clavicembalo*, et celui de *Gravicembalo* par allusion à l'étendue de cette instrument augmentée dans la région grave, ou simplement *Cembalo*.

En Allemagne le même instrument prit le nom de *Flügel*, et en Angleterre celui de *Harpsichord*.

Le clavicorde et le clavicembalo, ainsi que leurs différentes variantes, restèrent en usage jusqu'au jour où, à la fin du XVIIIe siècle et surtout au commencement du XIXe, le piano à marteaux prit définitivement leur place.

La découverte du système des cordes frappées se substituant à celui des cordes frottées ou pincées est dû à un prêtre italien : Don Dom del Mela, qui construisit le premier modèle de ce genre à Gagliano, en Toscane, en 1739.

Les XIXe et XXe siècles sont donc, sur ce point comme sur tant d'autres, tributaires du XVIIIe siècle.

Nous voici parvenus à l'aurore de notre piano moderne; là s'arrêtera ce rapide et pourtant bien long aperçu sur les instruments à clavier.

LE VIEUX BACH

POÉSIE DE

CHARLES GRANDMOUGIN

SPÉCIALEMENT ÉCRITE POUR LA **Fondation J.-S. BACH**

ET DITE PAR L'AUTEUR A LA SÉANCE DU 17 DÉCEMBRE 1906.

A Charles BOUVET

Nous parlons quelquefois des vieux monts solennels,
Des vieux chênes debout dans d'immuables poses,
Du vieil Homère, Aède aux accents éternels
Et du vieil Océan, père de toutes choses;

Ainsi, depuis longtemps, des Artistes sans nombre
Se parlent du vieux Bach avec un saint respect,
Comme d'un patriarche à l'imposant aspect
Dont la vaste clarté planerait sur notre ombre !

Il est toujours debout dans son amour fervent,
L'architecte vibrant des sons et des idées;
Mort, il est demeuré le grand Maître vivant
Qu'honorent les essaims des âmes fécondées;

D'autres vont rechercher la gloire, obstinément,
Et n'y trouvent qu'un bruit fugace, une chimère;
Ils savent bien, au fond, que c'est rancœur amère
D'immoler son idée à l'applaudissement !

Mais lui, toujours sincère et digne de lui-même,
Conforme à son passé comme à son idéal,
Il est heureux..., ses jours passent; tel un poème
Ou le cours d'un beau fleuve aux nappes de cristal !

Très doux, riche en famille et pareil aux grands sages,
Bornant son plus grand luxe à son intérieur,
Pratiquant, sans rougir, les antiques usages,
Père attentif et bon ou convive rieur,

Il crée avec amour, prodigue de sa vie,
Embrassant tous les jours de nouveaux horizons,
Et promène son âme étonnée et ravie
Au royaume infini des rythmes et des sons !

Il laisse voyager sa sublime pensée,
Et planant sur le monde en un rêve divin,
Il sait, depuis longtemps, que sans peiner en vain,
Il ira jusqu'au bout de l'œuvre commencée;

Une force est en lui qui veut sa liberté
Et peut s'épanouir, magnifique et sereine;
Il marche où son génie impérieux l'entraîne,
Le complexe par lui se transforme en clarté,

La fugue s'y revêt de grâces idéales,
Les plus riches accents n'y sont jamais obscurs,
Et son œuvre est construit comme les cathédrales
Dont un art multiforme a fleuri tous les murs.

Ses prières, toujours pénétrantes et dignes,
Chorals majestueux ou solitaire appel,
Sont si pures d'essence et si belles de lignes
Que déjà sur la terre elles sont tout un ciel !

Sa musique, parfois, danse et rit avec grâce,
Et l'orchestre, — touffu même en restant discret, —
S'éveille sous l'archet de ce penseur de race
Comme au souffle des vents frémit une forêt !

Et quand son calme esprit redescend vers la terre,
Quand, au milieu des siens, il est assis le soir,
Il reste sans orgueil, il parle sans mystère,
Et souriant encor au ciel qu'il vient de voir.

Parlant complaisamment des choses de la ville
Il remplit ses devoirs de père et de chrétien;
C'est tout vibrant du Beau qu'il pratique le Bien,
C'est pénétré de Dieu qu'il va dormir tranquille;

Vieux Maître, ô créateur modeste et surhumain
Qu'aujourd'hui tout un monde émerveillé contemple,
Les générations qui vont rêver demain
Marcheront vers ton œuvre ainsi que vers un temple !

Et tu seras pour tous, à jamais, saintement,
Une inspiration large et divine, unie
A la simplicité douce de l'être aimant,
Qui n'avait pas d'orgueil pour avoir du génie !

Là haut le Seigneur Dieu, quand tu montas vers lui,
Encore fatigué d'une très longue route,
Rayonnant de bonté, dut te dire, sans doute :
« O travailleur d'hier, sois en paix aujourd'hui !

» Ton œuvre pure a fait resplendir sur la terre
» Les dons mystérieux qui te venaient de moi;
» Ta gloire n'a jamais troublé ton cœur austère;
» Tu m'as rendu ton cœur, mais le ciel est à toi ! »

LES DERNIERS JOURS
DE
JEAN-SÉBASTIEN BACH

POÉSIE DE

CHARLES GRANDMOUGIN

SPÉCIALEMENT ÉCRITE POUR LA **Fondation J.-S. BACH**

ET DITE PAR L'AUTEUR A LA SÉANCE DU 17 DÉCEMBRE 1908

A Charles BOUVET

Ses pauvres yeux lassés ne voyaient plus le jour,
C'était déjà la nuit du tombeau dans la vie;
Mais son âme brûlait en lui, toujours ravie
Par l'Art et par le Bien, double et fécond amour;

Or, un matin, à l'heure où, sur la vieille ville,
S'épandait le soleil bienfaisant de l'été.
Où les flots de l'Elster, miroitant et tranquille,
Au milieu des moissons déroulaient leur beauté,

Le maître, se dressant sur son lit de souffrance,
Cria joyeusement aux siens, avec la voix
Que tout à coup, dans nos chagrins, prend l'espérance :
« Mes enfants! mes amis! je suis guéri, je vois! »

Pâles d'étonnement, et le croyant à peine,
Ses bons fils, Jean-Chrétien, Christophe, Emmanuel,
Coururent près de lui, mais leur âme incertaine,
Songeant à son délire avait douté du Ciel.

Et pourtant, de la bouche auguste du vieux maître
Avait jailli la sainte et douce vérité;
Il voyait tout : ses fils, l'azur illimité,
Les rayons du soleil inondant la fenêtre,

Les hauts toits où vibrait la chaleur, et, là-bas,
Le sommet des coteaux, ligne bleue infinie,
Asiles bien-aimés où s'égaraient ses pas,
Où méditait en paix son vigoureux génie!

Des mouches bourdonnaient, il regardait joyeux,
Scintiller vivement la nacre de leurs ailes,
Et près de lui le chant aigu des hirondelles
S'harmonisait, sonore, avec l'éclat des cieux.

Ses fils, tout stupéfaits, tombèrent en prière,
Et leurs enfants baisaient timidement ses mains;
Emmanuel pensif se disait : « La lumière
C'est la vie, et l'espoir de nombreux lendemains! »

Alors Sébastien Bach, louant Dieu comme eux-mêmes,
Sentit mouillés de pleurs ses regards renaissants,
Et vers le divin Maître aux clémences suprêmes
Laissa monter son cœur, hymne aux muets accents;

Puis, revenant aux siens, au fleuve, à la prairie :
« Apportez-moi des fleurs », dit-il tranquillement,
Perdu dans le paisible épanouissement
De l'exilé touchant au seuil de la patrie;

Il respira les fleurs, heureux comme un enfant,
S'enivra du parfum des œillets et des roses,
Et sans parler bénit encore, triomphant,
La lumière par qui les plantes sont écloses.

Alors son œil devint plus vague, et contemplant
Le vaste ciel, il dit soudain, comme en prière,
Avec le ton sacré d'un prêtre vieux et lent :
« Je revois du soleil la clarté coutumière,

» Mais je pénètre encor plus loin, mes bons amis;
» Je traverse l'éther immense et ses doux voiles;
» Par delà le désert d'espaces endormis
» Je vois briller là-haut d'innombrables étoiles!...

» Les voici, gravitant sous les yeux du Seigneur,
» Mondes d'argent et d'or, aux marches solennelles,
» Que la prière humaine atteint avec ses ailes,
» Où l'âme délivrée abrite son bonheur!

» Je les vois; le soleil à mes yeux diminue,
» Je pressens le Dieu fort dont je fus écouté,
» Je devine le sens de la vie inconnue
» Et je plane, ébloui, dans son Éternité! »

Mais ses fils, de nouveau, crurent à son délire;
De cette vision ils se plaignaient entre eux,
Car leur esprit, trop faible encor, n'avait pu lire
Dans le livre sacré qui s'ouvre aux bienheureux;

Car ils ne savaient pas que parfois le génie
Retrouve le lien qui monte à l'Éternel,
Avec l'immensité des mondes communie,
Et peut, rayon d'en haut, retourner jusqu'au ciel!

C'est ainsi que, dix jours avant l'heure dernière,
Le vieux Bach aperçut par un matin d'été,
Des étoiles de Dieu la lointaine lumière :
Calme pressentiment de l'immortalité!

C'est ainsi qu'en sa foi, digne des grands apôtres,
Le maître franchissant les bornes du réel,
Contempla des splendeurs invisibles pour d'autres,
Et, sans quitter la terre, eut un frisson du ciel!

PROGRAMMES

PETITE SALLE PLEYEL, 24, rue Rochechouart

Le VENDREDI 6 FÉVRIER 1903, à 8 h. 1/2 du soir

FONDATION Jean-Sébastien BACH

(1re année) DE PARIS (1re année)

Instituée et dirigée par **Charles BOUVET**

PREMIÈRE SÉANCE

DONNÉE PAR

CHARLES BOUVET

avec le concours de

Mme LOVANO

MM. LOUIS BAS et PIERRE ADOUR

PROGRAMME

1. **Sonate** en *ré majeur* (Violon et Piano) . . . . — ***Arcangelo CORELLI*** (Fusignano-Rome 1653-1713)

2. **Air** de la *Passion selon saint Mathieu*. . . . . — ***Jean-Sébastien BACH*** (Eisenach-Leipzig 1685-1750)
   (Cœur sacré, la douleur t'a transpercé).

3. **Sonate** en *ut mineur* (Violon et Piano) . . . . — ***Jean-Sébastien BACH*** (Eisenach-Leipzig 1685-1750)

4. A. **Quam Dilecta** (Motet) . . . . — ***Jean-Philippe RAMEAU*** (Dijon-Paris 1683-1764)
   B. **Air** de la *Cantate pour tous les temps*. . . — ***Jean-Sébastien BACH*** (Eisenach-Leipzig 1685-1750)
   (Soprano et Hautbois d'amour).

5. **Sonate** en *sol mineur* (Violon et Piano). . . . — ***Giuseppe TARTINI*** (Pirano-Padoue 1692-1770)
   Didone desolata.

PETITE SALLE PLEYEL, 24, rue Rochechouart

Le VENDREDI 6 MARS 1903, à 8 h. 1/2 du soir

FONDATION Jean-Sébastien BACH

(1re année) DE PARIS (1re année)

Instituée et dirigée par **Charles BOUVET**

DEUXIÈME SÉANCE

DONNÉE PAR

CHARLES BOUVET

avec le concours de

Mme GEORGES MARTY

MM. RAYMOND MARTHE et PIERRE ADOUR

PROGRAMME

1. **Sonate** en *la majeur* (Violon et Piano) . . . . ***Georges-Frédéric HÆNDEL*** (Halle-Londres 1685-1759)

2. **Persée**. . . . . ***Jean-Baptiste de LULLI*** (Florence-Paris 1633-1687)
   A. Air de Médée.
   B. Air des Songes.

3. **Suite** en *ré majeur* (Violoncelle seul). . . . . ***Jean-Sébastien BACH*** (Eisenach-Leipzig 1685-1750)

4. **Air** de la *Passion selon saint Mathieu*. . . . . ***Jean-Sébastien BACH*** (Eisenach-Leipzig 1685-1750)
   (Avec violon).

5. **Pièces** de Clavecin en Concerts. . . . . ***Jean-Philippe RAMEAU*** (Dijon-Paris 1683-1764)
   Le Vézinet.
   L'Agaçante.
   Tambourin.
   L'Indiscrète.
   La Rameau.

PETITE SALLE PLEYEL, 24, rue Rochechouart

Le LUNDI 6 AVRIL 1903, à 9 h. très précises

FONDATION Jean-Sébastien BACH

(1re année) DE PARIS **(1re année)**

Instituée et dirigée par **Charles BOUVET**

TROISIÈME SÉANCE

DONNÉE PAR

CHARLES BOUVET

avec le concours de

Mme LOVANO et MARIE PANTHÈS

PROGRAMME

1. **Sonate** en *sol mineur* (Violon et Piano). . . . — ***Henry PURCELL*** (Londres-Londres 1658-1695)
   Adagio. — Moderato. — Adagio con espressione. — Vivace.

2. **Armide** (Air de la *Naïade*) . . . . — ***Christophe-Willbald GLUCK*** (Weidenwang-Vienne 1714-1787)

3. **Sonate** en *fa mineur* (Violon et Piano) . . . . — ***Jean-Sébastien BACH*** (Eisenach-Leipzig 1685-1750)
   Largo. — Allegro. — Adagio. — Vivace.

4. **Les Lamentations de la Fille de Jephté**. . . . — ***Jacques CARISSIMI*** (Marino-Rome 1604-1674)

5. **Sonate** en *ut mineur* (Violon et Piano) . . . . — ***François-Heinrich de BIBER*** (Wartenberg-Salzbourg 1638-1698)
   Largo. — Passacoglia. — Poco lento. — Gavotte. — Allegro agitato.

SALLE DES QUATUORS PLEYEL, 24 rue Rochechouart

Le VENDREDI 18 DÉCEMBRE 1903, à 9 heures précises

FONDATION Jean-Sébastien BACH

(2me année) DE PARIS (2me année)

Instituée et dirigée par **Charles BOUVET**

PREMIÈRE SÉANCE

DONNÉE PAR

CHARLES BOUVET

avec le concours de

Mlle MARIE LASNE, MM. DANIEL HERRMANN GEORGES DESMONTS, JOSEPH JEMAIN

PROGRAMME

1. **Sonate** en *si mineur* (Violon et Piano) . . . . ***Jean-Sébastien BACH*** (Eisenach-Leipzig 1685-1750)
   Adagio. — Allegro. — Andante, Allegro.

2. **Le Berger fidèle** . . . . ***Jean-Philippe RAMEAU*** (Dijon-Paris 1683-1764)
   Cantate Française à voix seule avec Symphonie.
   (Violon, Viole de gambe, Clavecin).

3. **Sonate** en *ut mineur* (Violon et Piano) . . . . ***Jean-Marie LECLAIR*** (Paris-Paris 1687-1764)
   Le Tombeau
   Grave, Allegro ma non troppo, Gavotte, Allegro.

4. **Geistliche Lieder** (Chants sacrés). . . . . . . ***Jean-Sébastien BACH*** (Eisenach-Leipzig 1685-1750)
   Voir note I.

5. **Le Parnasse** ou **l'Apothéose de Corelli** . . . . ***François COUPERIN*** (Paris-Paris 1668-1733)
   Grande Sonate en trio pour deux violons et clavecin.

SALLE DES QUATUORS PLEYEL, 24, rue Rochechouart
Le VENDREDI 29 JANVIER 1904, à 9 heures du soir

FONDATION Jean-Sébastien BACH

(2me année) DE PARIS (2me année)

Instituée et dirigée par **Charles BOUVET**

DEUXIÈME SÉANCE

DONNÉE PAR

CHARLES BOUVET

avec le concours de

MM. VICTOR DEBAY, JOSEPH JEMAIN, DANIEL HERRMANN, HENRI CASADESUS, GEORGES DROUET, GEORGES PAPIN, MAURICE FILASTRE, HENRI CHOINET et LOUIS BOUTER.

PROGRAMME

1. **Sonate** en *mi mineur* (Violon et Piano). . . . — *Jean-Sébastien BACH* (Eisenach-Leipzig 1685-1750)
   Allegro. — Adagio ma non tanto. — Allemande. — Gigue.

2. A. **Cantabile** . . . . — *Pierre LOCATELLI* (Bergame-Amsterdam 1693-1764)
   B. **Sœur Monique** . . . . — *François COUPERIN* (Paris-Paris 1668-1733)
   Pièces pour Viole de gambe et Clavecin.

3. **Les Plaintes d'Ezéchias** . . . . — *Jacques CARISSIMI* (Marino-Rome 1604-1674)

4. A. **Fugue** en *sol mineur* .
   B. **Invention** en *si mineur* } Violon et Piano. — *Jean-Sébastien BACH* (Eisenach-Leipzig 1685-1750)
   Largo. — Balletto (Allegro). — Scherzo (Andante). — Capriccio (Allegro).

5. **Le Parnasse** ou **l'Apothéose de Corelli** . . . . — *François COUPERIN* (Paris-Paris 1668-1733)
   Grande Sonate en trio pour deux violons et Clavecin.
   (Non exécutée à la première séance). Voir note II.

6. **Air** de la *Cantate pour les Élections municipales de Leipzig* (avec Violon) . . . . — *Jean-Sébastien BACH* (Eisenach-Leipzig 1685-1750)

7. **Concerto** en *si bémol*. . . . . — *Jean-Sébastien BACH* (Eisenach-Leipzig 1685-1750)
   Allegro moderato. — Adagio ma non tanto. — Allegro.
   Pour deux Viola, deux Violes de gambe, un Violoncelle, une Contrebasse.

Dirigé par M. **Ch. BOUVET.**

SALLE DES QUATUORS PLEYEL, 24, rue Rochechouart
Le VENDREDI 4 MARS 1904, à 9 heures du soir

FONDATION Jean-Sébastien BACH

(2me année) DE PARIS (2me année)

Instituée et dirigée par **Charles BOUVET**

TROISIÈME SÉANCE

DONNÉE PAR

CHARLES BOUVET

avec le concours de

Mme LOVANO et de M. LOUIS FRÖLICH

M. JULIEN TIERSOT

MM. G. PAPIN, L. BLEUZET, G. BLANQUART, J. JEMAIN

PROGRAMME

1. **Sonate en trio** *(sol majeur)*, Flûte, Violon et Piano . . . . — ***Jean-Sébastien BACH*** (Eisenach-Leipzig 1685-1750)
Largo. — Vivace. — Adagio. — Presto.

2. A. **Prière** . . . . — ***Alessandro STRADELLA*** (Naples-Gênes 1645-1681)
B. **Air** du *Messie* . . . . — ***Georges-Frédéric HÆNDEL*** (Halle-Londres 1685-1759)
Wer mag den tag seiner zukunft erleiden.

3. **Sonate** en *mi mineur* (Violon et Piano) . . . . — ***François FRANCŒUR*** (Paris-Paris 1698-1787)
Adagio. — Corrente. — Sarabande. — Rondeau.

4. **Trois Morceaux** de ***Jean-Sébastien BACH*** (sur un même thème instrumental).

Causerie par M. Julien TIERSOT

A. *Morceau instrumental* (Hautbois, Violon et Basse).
B. *Air de Palès de la Cantate pour l'Anniversaire de Naissance du Duc de Saxe Christian Weissenfels.*
Voir note III.
C. *Air de la Cantate pour le Lundi de la Pentecôte.*

5. **Sonate** en *mi bémol* (Flûte et Piano) . . . . . — ***Jean-Sébastien BACH*** (Eisenach-Leipzig 1685-1750)
Allegro moderato. — Siciliano. — Allegro.

6. **Duo** de la *Cantate pour tous les temps* . . . . — ***Jean-Sébastien BACH*** (Eisenach-Leipzig 1685-1750)

7. **Concerts Royaux** (Concert en *ré majeur*) . . . — ***François COUPERIN*** (Paris-Paris 1668-1733)
Transcription Georges MARTY.
Prélude. — Air tendre. — Allemande fuguée. — Échos. — Air contre-fugué.
(Violon, Viole de gambe et Clavecin).
Voir note IV.

SALLE DES QUATUORS PLEYEL, 24, rue Rochechouart

Le SAMEDI 7 MAI 1904, à 9 heures du soir

FONDATION Jean-Sébastien BACH

(2me année) DE PARIS (2me année)

Instituée et dirigée par **Charles BOUVET**

UNE SÉANCE

DONNÉE PAR

CHARLES BOUVET

avec le concours de

MM. LOUIS FRÖLICH

FERNAND DEBRUILLE et JOSEPH JEMAIN

LA MUSIQUE DES XVIIme ET XVIIIme SIÈCLES

pour deux violons et piano

PROGRAMME

1. **Sonate** en *ré majeur*. . . . . *Arcangelo CORELLI* (Fusignano-Rome 1653-1713)
   Preludio. — Allegro. — Corrente. — Gavotte.

2. **Sonate** en *ut majeur*. . . . . *Jean-Sébastien BACH* (Eisenach-Leipzig 1685-1750)
   Adagio. — Alla breve. — Largo. — Gigue.

3. **Air** du *Messie* . . . . *Georges-Frédéric HÆNDEL* (Halle-Londres 1685-1759)
   Wer mag den tag seiner zukunft erleiden.

4. A. **Golden Sonate** en *fa majeur* . . . . *Henry PURCELL* (Londres-Londres 1658-1695)
   Largo. — Adagio. — Canzona. — Grave. — Allegro.

   B. **Sonate** en *la majeur*. . . . . *William BOYCE* (Londres-Londres 1710-1779)
   Largo. — Fuga. — Adagio. — Tempo di minuetto.

5. *Air de la Cantate pour la fête de Maria Reinigung*. . . . . *Jean-Sébastien BACH* (Eisenach-Leipzig 1685-1750)
   Ich habe genung.

6. **Sonate** en *sol mineur* . . . . *Georges-Frédéric HÆNDEL* (Halle-Londres 1685-1759)
   Andante. — Allegro. — Largo. — Allegro.

7. **Hippolyte et Aricie,** Récit et Air de *Thésée*. . *Jean-Baptiste RAMEAU* (Dijon-Paris 1683-1764)

8. **Le Parnasse ou l'Apothéose de Corelli** . . . . *François COUPERIN* (Paris-Paris 1668-1733)
   Grande Sonate en trio pour deux Violons et Clavecin.

SALLE DES QUATUORS PLEYEL, 24, rue Rochechouart
Le VENDREDI 16 DÉCEMBRE 1904, à 9 heures du soir

FONDATION Jean-Sébastien BACH

(3me année) DE PARIS **(3me année)**

Instituée et dirigée par **Charles BOUVET**

PREMIÈRE SÉANCE

DONNÉE PAR

CHARLES BOUVET

avec le concours de

Mlle MARIE LASNE

MM. GEORGES PAPIN et JOSEPH JEMAIN

PROGRAMME

1. **Sonate** en *ré majeur* (Violon et Piano) . . . . ***Georges-Frédéric HÆNDEL*** (Halle-Londres 1685-1759)
   Adagio. — Allegro. — Larghetto. — Allegro.

2. **Cantate pour le Dimanche de la Nativité** . . . ***Jean-Sébastien BACH*** (Eisenach-Leipzig 1685-1750)
   Air pour soprano.
   Gottlob nungcht das yahr zu Ende.

3. **Suite** en *si mineur*. . . . . ***Roland MARAIS*** (Paris-Paris 1656-1728)
   Harmonisée par A. BÉON.
   Prélude. — Le Mareuil. — La Verrière. — Menuet.
   (Viole de gambe et Piano.)

4. **Sonate** en *la majeur* (Violon et Piano) . . . . ***Jean-Sébastien BACH*** (Eisenach-Leipzig 1685-1750)
   Andante. — Allegro assai. — Andante. — Presto.

5. A. **Thésée** (Air de *Vénus*) . . . . ***Jean-Baptiste LULLI*** (Florence-Paris 1633-1687)
   B. **Berceuse** . . . . ***Wolfgang-Amadeus MOZART*** (Salzbourg-Vienne 1756-1791)
   C. **Rodelinda** (Air du *Printemps*) . . . . . . ***Georges-Frédéric HÆNDEL*** (Halle-Londres 1685-1759)

6. **Sonate à Trois** (Violon, Viole de gambe et Clavecin) . . . . ***Jean-Marie LECLAIR*** (Lyon-Paris 1697-1764)
   Révisée et annotée par CH. BOUVET.
   Harmonisée par J. JEMAIN.
   Adagio. — Allegro. — Sarabande. — Allegro assai.

SALLE DES QUATUORS PLEYEL, 24, rue Rochechouart

Le VENDREDI 3 FÉVRIER 1905, à 9 heures du soir

FONDATION Jean-Sébastien BACH

(3me année) DE PARIS (3me année)

Instituée et dirigée par **Charles BOUVET**

DEUXIÈME SÉANCE

DONNÉE PAR

CHARLES BOUVET

avec le concours de

Mme CLAUDE LEININGER; MM. JULES LOEB,
G. BLANQUART,
J. JEMAIN, CL. LEININGER, L. GRAVERAND

PROGRAMME

1. **Sonate** en *sol majeur* (Violon et Piano) . . . . ***François-Joseph HAYDN*** (Rohrau-s/Leitha-Vienne 1732-1809)
   Andante. — Allegro.

2. **Les Noces de Figaro** . . . . ***Wolfgang-Amadeus MOZART*** (Salzbourg-Vienne 1756-1791)
   Air de Chérubin : Je ne sais quelle ardeur me pénètre.

3. **Sonate** en *sol majeur* (Violoncelle et Piano). . ***Jean-Sébastien BACH*** (Eisenach-Leipzig 1685-1750)
   Adagio. — Allegro ma non tanto. — Andante. — Allegro moderato.

4. **Chants de la Vieille France** (du XIIIe au XVIIIe siècle) : Transcrits et harmonisés par JULIEN TIERSOT.
   - A. *La Belle au Rossignol* (Romance) . . . . . **Auteur inconnu** (XIIIe **siècle**)
   - B. *Plainte de celle qui n'est pas aimée*. . . . . **Auteur inconnu** (XIVe **siècle**)
     Rondeau de JEHANNOT DE LESCUREL.
   - C. *L'Amour de moi* (Chanson) . . . . **Auteur inconnu** (XVe **siècle**)
   - D. *Mignonne, allons voir si la rose* . . . . . . **Auteur inconnu** (XVIe **siècle**)
     Ode de RONSARD.
   - E. *Nicolas va voir Jeanne* (Chanson) . . . . . **Auteur inconnu** (XVIIe **siècle**)
   - F. *Romance d'Alexis*. . . . . **J.-J. ROUSSEAU** (XVIIIe **siècle**)

   Voir note V.

5. **Das musikaliche Opfer** *(L'Offrande musicale)* . ***Jean-Sébastien BACH*** (Eisenach-Leipzig 1685-1750)
   - A. *Fugue à trois parties* (Piano).
   - B. *Fugue à six parties* (Ricercare) (Piano à quatre mains).
   - C. *Fugue canonique* (in epidiapente) (Flûte, violon, violoncelle).
   - D. *Huit Canons divers.*
   - E. *Canon perpétuel* (Flûte, violon, basse chiffrée).
   - F. *Sonate en trio* (Flûte, violon, basse chiffrée).

   Voir note VI.

SALLE DES QUATUORS PLEYEL, 24, rue Rochechouart

Le VENDREDI 3 MARS 1905, à 9 heures du soir

FONDATION Jean-Sébastien BACH

(3me année) DE PARIS (3me année)

Instituée et dirigée par **Charles BOUVET**

TROISIÈME SÉANCE

DONNÉE PAR

CHARLES BOUVET

avec le concours de

Mme LOVANO

MM. LOUIS GRAVRAND et JOSEPH JEMAIN

LA MUSIQUE DES XVIIme ET XVIIIme SIÈCLES

pour deux violons et basse chiffrée

PROGRAMME

1. **Concerto** en *sol majeur* . . . . *Giuseppe TORELLI* (Verone–Anspach ? -1708)
   Allegro ma non troppo. — Adagio. — Allegro.

2. **Sonata à tre,** en *ut mineur* . . . . *Antonio VERACINI* (Florence 1650- ?)
   Adagio. — Andante affettuoso. — Vivace. — Affettuoso.

3. **Messe** en *si mineur* . . . . *Jean-Sébastien BACH* (Eisenach-Leipzig 1685-1750)
   (Laudamus te, avec Violon.)

4. **L'Apothéose de Lulli** . . . . *François COUPERIN* (Paris-Paris 1668-1733)
   Concert instrumental, composé à la mémoire immortelle de l'incomparable M. de LULLI. —
   Transcription par Georges MARTY.
   Voir notes VII et VIII.

5. **Les Noces de Figaro** (Air de *Suzanne*) . . . . *Wolfgang-Amadeus MOZART* (Salzbourg-Vienne 1756-1791)

6. **Sonata da Camera a tre,** en *sol mineur* . . . . *Evaristo-Felice dall ABACO* (Verone–Munich 1662-1726)
   Entrata. — Allemanda. — Sarabanda. — Giga.

7. **Pur dicesti** . . . . *Antonio LOTTI* (Hanovre ou Venise-Venise 1667-1740)

8. **Concerto** en *ré mineur* . . . . *Jean-Sébastien BACH* (Eisenach-Leipzig 1685-1750)
   Vivace. — Largo ma non tanto. — Allegro.

SALLE DES QUATUORS PLEYEL, 24, rue Rochechouart
Le VENDREDI 7 AVRIL 1905, à 9 heures du soir

(3me année) FONDATION Jean-Sébastien BACH (3me année)
DE PARIS
Instituée et dirigée par **Charles BOUVET**

QUATRIÈME ET DERNIÈRE SÉANCE

DONNÉE PAR

CHARLES BOUVET

avec le concours du

QUATUOR VOCAL BATAILLE

Mme ASTRUC-DORIA, Soprano — M. PAULET, Ténor
Mme AUBERTIN, Alto — M. L.-CH. BATAILLE, Basse
M. J. JEMAIN, Piano

et de

MM. RAYMOND MARTHE et JOSEPH JEMAIN

PROGRAMME

1. **Sonate** en *mi majeur* (Violon et Piano). . . . — ***Jean-Sébastien BACH*** (Eisenach-Leipzig 1685-1750)
   Adagio. — Allegro. — Adagio ma non tanto. — Allegro.

2. A. **Psaume**. . . . . à Cappella. — ***GOUDIMEL*** (Franche-Comté-Lyon vers 1510-1572)
   B. **Deux Chorals** . . . . — — ***Jean-Sébastien BACH*** (Eisenach-Leipzig 1685-1750)

3. **Suite** en *ut majeur* (Violoncelle seul). . . . . — ***Jean-Sébastien BACH*** (Eisenach-Leipzig 1685-1750)
   Prélude. — Allemande. — Courante. — Sarabande. — Bourrée. — Gigue.

4. A. **Ce Moys de May** à . . . . . Cappella. — ***Clément JANNEQUIN*** (France vers 1496-vers 1560)
   B. **Mignonne, allons voir**. . . . — — ***Guillaume COSTELEY*** (? -Evreux 1531-1606)
   C. **Félicité passée**. . . . . —
   D. **Temps passé** . . . . — } ***Auteurs inconnus*** (XVIIe siècle)

5. **Invention** en *ré majeur* (Violon et Piano). . . — ***Jean-Sébastien BACH*** (Eisenach-Leipzig 1685-1750)
   Largo. — Bizzarria. — Andamento. — Scherzo.

6. **Les Saisons** . . . . — ***François-Joseph HAYDN*** (Rohrau-s/Leitha-Vienne 1732-1809)
   Trio et Quatuor.

7. **Pièces en duo** (Violon et Violoncelle, avec basse chiffrée) . . . . — ***Jean-Marie LECLAIR*** (Lyon-Paris 1697-1764)
   Revisées et annotées par Ch. BOUVET.
   Harmonisées par J. JEMAIN.
   A. ***Gavotte.*** — B. ***Menuet.*** — C. ***Musette.*** — D. ***Chaconne.***

SALLE DES QUATUORS PLEYEL, 24, rue Rochechouart

Le VENDREDI 15 DÉCEMBRE 1905, à 9 heures du soir

FONDATION Jean-Sébastien BACH

(4me année) DE PARIS **(4me année)**

Instituée et dirigée par **Charles BOUVET**

PREMIÈRE SÉANCE

DONNÉE PAR

CHARLES BOUVET

avec le concours de

M. EZIO CIAMPI

MM. J. JEMAIN, L. GRAVRAND, M. MIGARD et R. SCHIDENHELM

PROGRAMME

1. **Quatuor à cordes** en *sol majeur* . . . . *François-Joseph HAYDN* (Rohrau-s/Leitha-Vienne 1732-1809)
   Allegro con brio. — Minuetto. — Adagio. — Finale.

2. **Rinaldo** *(Laschia chio pianga)* . . . . *Georges-Frédéric HÆNDEL* (Halle-Londres 1685-1759)

3. **Sonate** en *sol majeur* (Violon et Piano). . . . *Jean-Sébastien BACH* (Eisenach-Leipzig 1685-1750)
   Allegro. — Largo. — Allegro. — Adagio. — Allegro.

4. A. **Sebben crudele** . . . . *Antonio CALDARA* (Venise-Venise 1678-1763)
   B. **Amor dormiglione**. . . . . *Barbara STROZZI* (Venise-Venise vers 1625 ?)

5. A. **Allemande** en *ut mineur* (Violon et Piano) *Thomas BALTZAR* (Lubeck-Londres 1630-1663)
   B. **Invention** en *ut mineur* (Violon et Piano). *Jean-Sébastien BACH* (Eisenach-Leipzig 1685-1750)
   Lamentivole. — Balleto. — Aria. — Fantasia.

6. A. **Povero cor** . . . . *Niccola MANFROCE* (Palma-Naples 1791-1813)
   B. **Chi vuol la zingarella**. . . . . *Giovanni PAESIELLO* (Tarente-Naples 1741-1816)

7. **Pièces en duo** (Violon et Violoncelle, avec Basse chiffrée) . . . . *Jean-Marie LECLAIR* (Lyon-Paris 1697-1764)
   Revisées et annotées par Ch. BOUVET.
   Harmonisées par J. JEMAIN.
   A. *Gavotte.* — B. *Menuet.* — C. *Musette.* — C. *Chaconne.*

SALLE DES QUATUORS PLEYEL, 24, rue Rochechouart
Le VENDREDI 2 FÉVRIER 1906, à 9 heures du soir

FONDATION Jean-Sébastien BACH

(4me année) DE PARIS **(4me année)**

Instituée et dirigée par **Charles BOUVET**

DEUXIÈME SÉANCE

DONNÉE PAR

CHARLES BOUVET

avec le concours de

Mlle ANNE VILA

MM. CROS-SAINT-ANGE, J. JEMAIN, L. GRAVRAND

LA MUSIQUE FRANÇAISE aux XVIIme et XVIIIme SIÈCLES

PROGRAMME

1. **Sonate à trois** (Violon, Viole de gambe et Clavecin) . . . . *Jean-Marie LECLAIR* (Lyon-Paris 1697-1764)
   Revisée et annotée par Ch. BOUVET.
   Harmonisée par J. JEMAIN.
   Adagio. — Allegro. — Sarabande. — Allegro essai.

2. **Armide** (Scène finale) . . . . *Jean-Baptiste LULLI* (Florence-Paris 1633-1687)
   Le perfide Renaud me fuit.

3. A. **Sonate** en *sol mineur* (Violon et Piano) . *Pierre GAVINIÉS* (Bordeaux-Paris 1726-1800)
   Allegro moderato. — Adagio. — Allegretto.

   B. **Sonate** en *fa majeur* (Violon et Piano) . . *Jean-Joseph CASSANEA de MONDONVILLE* (Narbonne-Paris 1711-1772)
   Allegro moderato. — Aria. — La Caccia.

4. **Pièce** en *ré majeur* (Violoncelle seul). . . . . *Jean-Pierre DUPORT l'aîné* (Paris-Berlin 1741-1818)

5. **Sonate** en *mi mineur* (Violon et Piano). . . . *François FRANCŒUR* (Paris-Paris 1698-1787)
   Adagio. — Corrente. — Sarabande. — Rondeau.

6. B. **Orphée** (Récitatif et air) . . . . *Louis-Nicolas de CLÉRAMBAULT* (Paris-Paris 1676-1749)
   Pluton surpris d'entendre...

   A. **Dardanus** (Air d'Iphèse) . . . . *Jean-Philippe RAMEAU* (Dijon-Paris 1683-1764)
   O jour affreux.

7. **L'Apothéose de Lulli** . . . . *François COUPERIN* (Paris-Paris 1668-1733)
   Concert instrumental composé à la mémoire immortelle de l'incomparable M. DE LULLI.
   Transcription Georges MARTY.

SALLE DES QUATUORS PLEYEL, 24, rue Rochechouart

Le VENDREDI 2 MARS 1906, à 9 heures du soir

FONDATION Jean-Sébastien BACH

(4me année) DE PARIS (4me année)

Instituée et dirigée par **Charles BOUVET**

TROISIÈME SÉANCE

DONNÉE PAR

CHARLES BOUVET

avec le concours de

Mlle SUZANNE LACOMBE

MM. CROS-SAINT-ANGE, P. MIMART, J. JEMAIN

PROGRAMME

1. **Sonate** en *ut mineur* (Violon et Piano) . . . . ***Jean-Sébastien BACH*** (Eisenach-Leipzig 1685-1750)
   Siciliano. — Allegro. — Adagio. — Allegro.

2. **Passion selon saint Mathieu**. . . . . ***Jean-Sébastien BACH*** (Eisenach-Leipzig 1685-1750)
   (Air avec Violon).

3. **Pièces** pour Viole de gambe :
   - A. *Le Carillon de Passy, la Latour* . . . . . ***Antoine FORQUERAY le père*** (Paris-Mantes 1671-1745)
   - B. *Le Papillon* . . . . ***CAIX D'HERVELOIS*** (France vers 1670)

   Réalisation de la Basse, par M. J. JEMAIN.

4. **Invention** en *si bémol* (Violon et Piano) . . . ***Jean-Sébastien BACH*** (Eisenach-Leipzig 1685-1750)
   Molto moderato e grazioso. — Allegro moderato. — Presto. — Amabile

5. **Passion selon saint Jean** . . . . ***Jean-Sébastien BACH*** (Eisenach-Leipzig 1685-1750)
   (Air avec Viole de gambe).

6. **Trio** en *mi bémol* . . . . ***Amadeus Wolfgang MOZART*** (Salzbourg-Vienne 1756-1791)
   (Clarinette, Alto et Piano).
   Andante. — Minuetto. — Allegretto.

SALLE DES QUATUORS PLEYEL, 24, rue Rochechouart
Le MERCREDI 4 AVRIL 1906, à 9 heures du soir

FONDATION Jean-Sébastien BACH

(4me année) DE PARIS (4me année)

Instituée et dirigée par **Charles BOUVET**

QUATRIÈME ET DERNIÈRE SÉANCE

DONNÉE PAR

CHARLES BOUVET

avec le concours de

Mlle MARIE LASNE

MM. CROS-SAINT-ANGE, MARCEL LABEY

G. BLANQUART, J. JEMAIN, L. GRAVRAND

PROGRAMME

1. **Concerto grosso** en *ut mineur* . . . . ***Arcangelo CORELLI*** (Fusignano-Rome 1653-1713)
(2 Violons et Violoncelle soli, avec quatuor).
A. Largo, Allegro. — B. Grave, Vivace. — C. Allegro.
Dirigé par M. **M. LABEY.**

2. **Sonate** en *ré mineur* (Flûte et Piano) . . . . . ***Benedetto MARCELLO*** (Venise-Brescia 1680-1739)
Adagio. — Allegro. — Largo. — Presto.

3. **Orphée** . . . . ***Jean-Philippe RAMEAU*** (Dijon-Paris 1683-1764)
Cantate Française à voix seule avec Symphonie.
(Violon, Viole de gambe et Clavecin).

4. **Sixième Suite** en *ré majeur* (Violoncelle seul). ***Jean-Sébastien BACH*** (Eisenach-Leipzig 1685-1750)
Allemande. — Corrente.

5. A. **Sosarme** . . . . ***Georges-Frédéric HÆNDEL*** (Halle-Londres 1685-1759)
(Air d'*Elmira*).
B. **Le Violette** . . . . ***Alexandro SCARLATTI*** (Traponi-Naples 1649-1725)

6. **Concerto Brandbourgeois** en *ré majeur* . . . . ***Jean-Sébastien BACH*** (Eisenach-Leipzig 1685-1750)
(Flûte, Violon et Piano avec quatuor).
Allegro. — Affettuoso. — Allegro.
Dirigé par **M. M. LABEY**

SALLE DES QUATUORS PLEYEL, 24, rue Rochechouart

Le LUNDI 17 DÉCEMBRE 1906, à 9 heures du soir

(5me année) FONDATION Jean-Sébastien BACH (5me année)

DE PARIS

Instituée et dirigée par **Charles BOUVET**

PREMIÈRE SÉANCE

DONNÉE PAR

CHARLES BOUVET

avec le concours de

Mlle M. LASNE, Mme E. OLIVIER, M. Ch. GRANDMOUGIN

MM. G. BLANQUART, R. SCHIDENHELM, J. JEMAIN

JEAN-SÉBASTIEN BACH et SES FILS

1. **Trio** en *ré majeur* (Violon, Violoncelle et Piano) . . . . *Johann-Christian BACH* (Leipzig-Londres 1735-1782)
   Allegro. — Menuetto.

2. A. **Les Israélites au désert** (Soprano) . . . . *Karl-Philipp-Emanuel BACH* (Weimar-Hambourg 1714-1788)
   B. **Rondo.** . . . . *Johann-Christian BACH* (Leipzig-Londres 1735-1782)

3. **Sonate** en *ut mineur* (Violon et Piano) . . . *Karl-Philipp-Emanuel BACH* (Weimar-Hambourg 1714-1788)
   Affettuoso. — Adagio. — Presto.

4. A. **Pétrus** . . . . *Karl-Philipp-Emanuel BACH* (Weimar-Hambourg 1714-1788)
   B. **Gratulations-Cantate** (air pour Contralto). *Johann-Sebastian BACH* (Eisenach-Leipzig 1685-1750)
   (Paroles françaises de Mme H. FUCHS).
   Révision de M. Ch. Bouvet. **Harmonisation** de M. J. Jemain.

5. A. **Sonate** (Clavecin) . . . . *Johann-Christoph-Fr. BACH* (Leipzig-Bückbourg 1732-1795)
   B. **Andante.** . . . . *Johann-Christian BACH* (Leipzig-Londres 1735-1782)
   C. **Capriccio** . . . . *Wilhelm-Friedemann BACH* (Weimar-Berlin 1710-1784)

INTERMÈDE LITTÉRAIRE

LE VIEUX BACH

Poésie de M. Charles GRANDMOUGIN, dite par l'AUTEUR

6. **Sonate** en *mi bémol* (Violon et Piano). . . . . *Wilhelm-Friedemann BACH* (Weimar-Berlin 1710-1784)
   Allegro ma non troppo. — Largo. — Presto.

7. A. **Cantate** pour la fête de Pâques. . . . . . *Johann-Sebastian BACH* (Eisenach-Leipzig 1685-1750)
   B. **Gia la notta savvicina** (deux voix) . . . . *Johann-Christian BACH* (Leipzig-Londres 1735-1782)

8. **Sonate** en trio, *sol majeur* (Flûte, Violon et Piano). . . . . *Johann-Sebastian BACH* (Eisenach-Leipzig 1685-1750)
   Largo. — Vivace. — Adagio. — Presto.

SALLE DES QUATUORS PLEYEL, 24, rue Rochechouart

Le MARDI 29 JANVIER 1907, à 9 heures du soir

FONDATION Jean-Sébastien BACH

(5me année) DE PARIS (5me année)

Instituée et dirigée par **Charles BOUVET**

DEUXIÈME SÉANCE

DONNÉE PAR

CHARLES BOUVET

avec le concours de

Mme Jane ARGER, Mlle M. LASNE, M. Ch. GRANDMOUGIN
MM. J. JEMAIN, M. MIGARD, E. de BRUYN, L. GRAVRAND,
G. BLANQUART, F. DELGRANGE.

LES COUPERIN

1. **Sonate** en *ut majeur* (Violon et Piano) . . . . *Gervais-François COUPERIN* (Paris-Paris 1759-1826)
   Largo. — Allegro. — Rondeau.
2. **Leçon de ténèbres** (Motet) . . . . *François COUPERIN* (Paris-Paris 1668-1733)
   Réalisation par Paul VIDAL.
3. **Pièces** pour Clavecin : *Louis COUPERIN* (Chaumes-Paris vers 1626-1661)
   - A. **Grand Prélude** (*) . . . .
   - B. *Fantaisie* . . . .
   - C. *Pièce de trois sortes de mouvement* . . . .
   - D. *Branle Basque* . . . .
   - E. *Sarabande en Canon* . . . .
   - F. *Duo* . . . .
   - G. **Le Tombeau de Monsieur de Blanrocher** (*)
4. A. **Petit Motet** (à deux voix seules). . . . . *François COUPERIN* (Paris-Paris 6168-1733)
   B. **Pastorale** (Air sérieux) (*) . . . . *François COUPERIN* (Paris-Paris 1668-1733)
   Révision et annotations par Ch. BOUVET.
   Réalisation par J. JEMAIN.
5. **Sonate** en *fa majeur* (Violon et Piano) . . . . *Armand-Louis COUPERIN* (Paris-Paris 1727-1789)
   Allegro. — Andante. — Minuetto.

INTERMÈDE LITTÉRAIRE

LE CLAVECIN

Poésie de M. Charles GRANDMOUGIN, dite par l'AUTEUR

6. A. **Prélude**. . . . . *Louis COUPERIN* (Chaumes-Paris vers 1626-1661)
   B. **Trois Fantaisies** (*) . . . .
   C. **Symphonie** (*). . . . .
   Pièces pour Dessus de viole, Basse de viole et Clavecin.
   Révision par Ch. BOUVET. — Réalisation par H. QUITTARD.
7. **Motet** à voix seule et Flûte, Basse de violon et Clavecin. . . . . *François COUPERIN* (Paris-Paris 1668-1733)
   Psaume 118. — Verset 13e Adolescentulus.
   Transcription Paul VIDAL.
8. **Les Nations** (La Françoise) . . . . *François COUPERIN* (Paris-Paris 1668-1733)
   Sonate en *mi mineur* (2 Violons, Basse de Viole et Clavecin).
   Révision par Ch. BOUVET. — Réalisation par J. JEMAIN.

(*) Collection Ch. BOUVET. — E. DEMETS, 2, rue de Louvois, Paris.

SALLE DES QUATUORS PLEYEL, 24, rue Rochechouart

Le JEUDI 28 FÉVRIER 1907, à 9 heures du soir

FONDATION Jean-Sébastien BACH

(5me année) DE PARIS (5me année)

Instituée et dirigée par **Charles BOUVET**

TROISIÈME SÉANCE

DONNÉE PAR

CHARLES BOUVET

avec le concours de

Mme Maurice GALLET, M. Paul VIDAL

Mme G. WAGNER, MM. G. WAGNER, L. GRAVRAND, J. JEMAIN

LA MUSIQUE DES XVIme, XVIIme ET XVIIIme SIÈCLES

pour deux, trois et quatre violons

1. **Sonate** en *sol mineur* (2 Violons et Piano) . . . — ***Karl-Philipp-Emanuel BACH*** (Weimar-Hambourg 1714-1788)
   Allegretto. — Andantino. — Allegro.

2. A. **Stabat Mater** . . . . — ***JOSQUIN des PRÉS*** (Condé (Hainaut)-Condé 1455-1521)
   B. **Quand me souvient** . . . . — ***Thomas CRÉQUILLON*** (Flandre-Béthune vers 1505-1587)
   C. **Or, puisqu'il est si noble Damoiselle** . . . — ***Jacques-Clémens non Papa*** (Flandre, vers 1478)

3. A. **Due Canzoni a due canti** . . . . — ***Girolamo FRESCOBALDI*** (Ferrare-Rome 1583-1628)
   B. **Sonata a tre Violoni**. . . . . — ***Giovanni GABRIELI*** (Venise-Venise 1557-1613)
   Revision par CH. BOUVET.

4. A. **Cantate pour le 1er Dimanche de l'Avent**. — ***Johann-Sébastian BACH*** (Eisenach-Leipzig 1685-1750)
   Air : *Ouvre-toi, mon Cœur.*
   B. **Geistliche Lieder** *(Tout près de toi)* . . .
   (Extrait des petits Cahiers dédiés à sa femme ANNA MAGDALENA.)
   Paroles françaises de Mme HENRIETTE FUCHS.

5. **Musique de Table** (2 Violons et Piano) . . . . — ***Georges-Philippe TELEMANN*** (Magdebourg-Hambourg 1681-1767)
   Affettuoso. — Vivace. — Grave. — Allegro.

6. **Airs de Cour :**
   A. *Passion insensée*. . . . . — ***Pierre GUESDRON*** (Paris ? vers 1565- ?)
   B. *Amarante a des yeux*. . . . . — ***François RICHARD***
   C. *Objet dont les charmes si doux* . . . . . . — ***Anthoyne de BOËSSET*** (vers 1585-1643)
   Je suis blessé de mille dards,
   Qu'Aminthe a de charmants appas.

7. **Concerto** en *si mineur* (4 Violons soli, Orchestre à cordes et Clavecin) (*). . . . . — ***Antonio VIVALDI*** (Venise-Venise vers 1675-1743)
   Révision et annotations par CH. BOUVET.
   Allegro. — Largo. — Allegro
   Dirigé par **M. Paul Vidal.**

(*) Collection Ch. BOUVET. — E. DEMETS, 2, rue de Louvois, Paris.

SALLE DES QUATUORS PLEYEL, 24, rue Rochechouart
LE MARDI 23 AVRIL 1907, à 9 heures du soir

FONDATION Jean-Sébastien BACH
DE PARIS

(5me année) Instituée et dirigée par **Charles BOUVET** (5me année)

QUATRIÈME ET DERNIÈRE SÉANCE

DONNÉE PAR

CHARLES BOUVET

avec le concours de
Mlles CONSTANCE LAWFORD et IRÈNE AINSLEY
MM. J. JEMAIN et L. GRAVRAND

LA MUSIQUE ANGLAISE AUX XVIe, XVIIe ET XVIIIe SIÈCLES

1. **Golden Sonate** en *fa majeur* (deux Violons et Piano) . . . . **Henry PURCELL** (Londres-Londres 1658-1695)
   Largo. — Adagio. — Canzona. — Grave. — Allegro.

2. A. **The topsails shiver in the Wind** . . . . . **Thomas-Augustine ARNE** (Londres-Londres 1710-1778)
   B. **Heart of Oak** . . . . **William BOYCE** (Londres-Londres 1710-1779)
   C. **Dido's lament** (NAHUM TATÉ) . . . . . . **Henry PURCELL** (Londres-Londres 1658-1695)
   (Extrait de l'Opéra : *Didon et Enée.*)

3. **Sonate** en *sol mineur* (Violon et Piano). . . . **Henry PURCELL** (Londres-Londres 1658-1695)
   Adagio. — Moderato. — Adagio. — Vivace.

4. A. **Ah, how sweet it is to love** (JOHN DRYDEN). **Henry PURCELL**
   (Extrait de la Tragédie : *Tyrannick Love.*)
   B. **Where the Bee sucks** (WILLIAM SHAKESPEARE.) . . . . **Th.-A. ARNE**
   C. **I attempt from love's sickness to fly** (Sir ROBERT HOWARD) . . . . **Henry PURCELL**
   (Extrait de l'Opéra : *The Indian queen.*)
   D. **By dimpled Brook** (JOHN MILTON) . . . . **Th.-A. ARNE**
   E. **Nymphs and Schepherds** (THOM. SHADWELL). **Henry PURCELL**
   (Extrait de la Tragédie : *The Libertine.*)

5. **Pièces pour Virginal ou Harpsichord :**
   A. *Preludio* . . . . / *The queen Command* . . . . **Orlando GIBBONS** (Cambridge-Canterbury 1583-1625)
   B. *Pavana, The Earle of Salisbury*. . . . . **William BYRD** (Londres- ? 1538-1623)
   C. *A Toye*. . . . . **Gilles FARNABY** (Trury- ? ? ?)
   D. *The Fall of the Leafe* . . . . **Martin PEERSON**
   E. *The king's hunting Jigg* . . . . **John BULL** (Sommersetshire-Anvers 1563-1628)

6. **Chamber air's** en *la mineur* (Violon et Piano). **Richard JONES** (1680-1740)
   Prélude. — Moderato. — Gigue

7. **Duo** de l'Opéra « *Artaxercès* » . . . . **Thomas-Augustine ARNE** (Londres-Londres 1710-1778)

8. **Sonate** en *la majeur* (deux Violons et Piano). **William BOYCE** (Londres-Londres 1710-1779)
   Largo. — Fuga. — Adagio. — Tempo di minuetto.

SALLE DES QUATUORS PLEYEL, 24, rue Rochechouart
LE MARDI 17 DÉCEMBRE 1907, à 9 heures du soir

FONDATION Jean-Sébastien BACH

(6me année) DE PARIS (6me année)

Instituée et dirigée par **Charles BOUVET**

PREMIÈRE SÉANCE

DONNÉE PAR

CHARLES BOUVET

avec le concours de

Mmes MAURICE GALLET, E. OLIVIER

MM. PAUL VIDAL, CH. GRANDMOUGIN, J. JEMAIN

G. BLANQUART, L. GRAVRAND

JEAN-SÉBASTIEN BACH

1. **Ouverture** en *si mineur* (Orchestre à Cordes, Flûte et Clavecin).

2. **Concerto** en *ré mineur* (deux Violons, Orchestre et Clavecin).

   Vivace. — Largo, ma non tanto. — Allegro.

3. **Non sa che sia dolore** (Cantate italienne pour Soprano et Orchestre) [Intégralement].

   Ouverture. — Récit et Air. — Récit et Air.

INTERMÈDE LITTÉRAIRE

LE VIEUX BACH

Poésie de M. CHARLES GRANDMOUGIN, dite par l'AUTEUR

4. **Gratulations-Cantate** (Air pour Contralto).

   Paroles françaises de Mme H. FUCHS. — Harmonisation de J. JEMAIN sur Basse non chiffrée. — Révision par CH. BOUVET.

5. **Concerto Brandbourgeois** en *ré majeur* (Flûte, Violon et Piano avec Orchestre).

   Allegro. — Affettuoso. — Allegro.

Orchestre sous la direction de **M. Paul Vidal.**

SALLE DES QUATUORS PLEYEL, 24, rue Rochechouart
LE JEUDI 30 JANVIER 1908, à 9 heures du soir

FONDATION Jean-Sébastien BACH
DE PARIS
Instituée et dirigée par **Charles BOUVET**

(6me année) **(6me année)**

DEUXIÈME SÉANCE

DONNÉE PAR

CHARLES BOUVET

avec le concours de
M. R. PLAMONDON
MM. R. MARTHE, J. JEMAIN, P. BRUN, L. GRAVRAND

W.-A. MOZART

1. **Quatuor à cordes** en *ré majeur*.
   Allegretto. — Andante. — Menuetto. — Allegretto.

2. **Idomeneo,** *Air d'Idamante.*
   (Voir note IX.)

3. **Sonate** en *sol* (Piano et Violon).
   Adagio. — Allegro. — Tema con variazioni.

4. A. **Ariette**. . . *Oiseaux, si tous les ans...*
   B. **Canzonetta**. *Ridente la calma.*
   C. **Ariette**. . . *Dans un bois solitaire et sombre.*
   (Voir note IX.)

5. **Quatuor** en *sol mineur* (Piano et Cordes).
   Allegro. — Andante. — Rondo.

SALLE DES QUATUORS PLEYEL, 24, rue Rochechouart
LE SAMEDI 29 FÉVRIER 1908, à 9 heures du soir

FONDATION Jean-Sébastien BACH

(6me année) DE PARIS (6me année)

Instituée et dirigée par **Charles BOUVET**

TROISIÈME SÉANCE

DONNÉE PAR

CHARLES BOUVET

avec le concours de

Mme JANE ARGER, M. JULIEN TIERSOT

Mme G. WAGNER

MM. L. BLEUZET, G. WAGNER, J. JEMAIN, L. GRAVRAND

LE CONCERTO POUR TROIS ET QUATRE VIOLONS

aux XVIIe et XVIIIe Siècles

1. **Concerto** en *ré majeur* (quatre Violons et Piano). — ***Leonardo LEO*** (San Vila degli Schiavi-Naples 1694-1746)
   Maestoso. — Fuga. — Andante. — Allegro.

2. **Cantate :** *Heer, gehe nicht in's Gericht* . . . . — ***Jean-Sébastien BACH*** (Eisenach-Leipzig 1685-1750)
   Air : *O flammes cruelles...*
   Soprano et Hautbois d'amour.
   (Voir note X.)

3. **Concerto** en *fa majeur* (trois Violons et Piano). — ***Antonio VIVALDI*** (Venise-Venise vers 1675-1743)
   Allegro. — Andante. — Allegro.

4. **Suite d'Orchestre du XVIIe Siècle Français*.** . — ***Auteur inconnu***
   Publiée par M. JULES ECORCHEVILLE; Instrumentée par CH. BOUVET.
   Ouverture. — Grand branle. — Branle gay. — Branle à mener. Gavotte. — 1re courante. — 2e courante. — Sarabande. — Menuet.

5. A. **Giasone**. . . . . — ***Francesco CAVALLI*** (Crema-Venise 1599-1676)
   Air : *Un vague espoir des yeux aimés.*
   Révision et Traduction par A.-L. HETTICH.

   B. **Pastorale,** *Air sérieux** . . . . — ***François COUPERIN*** (Chaumes-Paris 1631-1701)
   Réalisation par J. JEMAIN; Révision par CH. BOUVET.

6. **Concerto** en *si mineur* (Quatre Violons soli, Orchestre à cordes et Clavecin)* . . . . . . — ***Antonio VIVALDI*** (Venise-Venise vers 1675-1743)
   Révision par CH. BOUVET.
   Allegro. — Largo. — Allegro.

Orchestre sous la direction de **M. Julien Tiersot.**

(*) Collection Ch. BOUVET. — E. DEMETS, éditeur, 2, rue de Louvois, Paris.

SALLE PLEYEL, 22, rue Rochechouart
Le MARDI 31 MARS 1908, à 9 heures du soir

(6me année) FONDATION Jean-Sébastien BACH (6me année)
DE PARIS
Instituée et dirigée par **Charles BOUVET**

QUATRIÈME SÉANCE

DONNÉE PAR

CHARLES BOUVET

avec le concours de

Mmes Maurice GALLET, E. OLIVIER, Mlle Blanche SELVA
MM. Alexandre GUILMANT, Charles GRANDMOUGIN
Albert GELOSO, Joseph JEMAIN, Gaston BLANQUART

PROGRAMME REDEMANDÉ

JEAN-SÉBASTIEN BACH

1. **Ouverture** en *si mineur* (Orchestre à cordes et Flûte).

2. **Concerto en** *ré mineur* (2 Violons et Orchestre).
   Vivace. — Largo, ma non tanto. — Allegro.

3. **Non sa che sia dolore.**
   Cantate italienne pour Soprano et Orchestre (intégralement).
   Symphonie. — Récit et air. — Récit et air.

4. A. **Choral : Schmücke dich, o liebe Seele.**
   (Pare-toi, ô chère âme)
   B. **Fugue** en *sol mineur* (Orgue).

INTERMÈDE LITTÉRAIRE

LE VIEUX BACH

Poésie de M. Charles GRANDMOUGIN, dite par l'AUTEUR

5. **Gratulations-Cantate** (Air pour Contralto).
   Paroles françaises de Mme H. FUCHS. — Harmonisation de J. JEMAIN sur Basse non chiffrée. — Révision par Ch. BOUVET.

6. **Concerto Brandbourgeois** en *ré majeur* (Flûte, Violon et Piano avec Orchestre).
   Allegro. — Affettuoso. — Allegro.

Orchestre sous la direction de **M. Joseph JEMAIN.**

SALLE PLEYEL, 22, rue Rochechouart
Le JEUDI 17 DÉCEMBRE 1908, à 9 heures du soir

FONDATION Jean-Sébastien BACH

(7me année) DE PARIS (7me année)

Instituée et dirigée par **Charles BOUVET**

PREMIÈRE SÉANCE

DONNÉE PAR

CHARLES BOUVET

au profit du musée créé dans la maison natale de J.-S. BACH, à Eisenach

avec le concours de

Mme Ch. MELLOT-JOUBERT, M. G. PANNETON
MM. Alexandre GUILMANT, Charles GRANDMOUGIN
Julien TIERSOT, Joseph JEMAIN, Gaston BLANQUART
Louis BLEUZET

ŒUVRES DE J.-S. BACH

1. **Concerto** en *la mineur* (Piano, Flûte, Violon et Orchestre).
   Allegro. — Adagio ma non tanto. — Alla breve.
   Dirigé par **M. J. Tiersot.**

2. **Amore traditore.**
   Cantate italienne pour Basse et Piano (intégralement).
   Récit et air. — Récit et air.

3. A. **Choral : Nun komm' der Heiden Heiland.**
   B. **Pastorale** (en quatre parties) (Orgue).

INTERMÈDE LITTÉRAIRE

LES DERNIERS JOURS DE JEAN-SÉBASTIEN BACH

Poésie de M. Charles GRANDMOUGIN, dite par l'AUTEUR

4. « **O holder Tag, erwünschte Zeit.** »
   Cantate nuptiale pour Soprano et Orchestre (intégralement).
   a. Récit et air. — *b.* Récit et air. — *c.* Récit et air. — *d.* Récit et air. — *e.* Récit et air.
   Continuo réalisé par M. J. JEMAIN.
   Dirigé par **M. Ch. Bouvet.**

SALLE PLEYEL, 22, rue Rochechouart

Le VENDREDI 29 JANVIER 1909, à 9 heures du soir

FONDATION Jean-Sébastien BACH

(7me année) DE PARIS (7me année)

Instituée et dirigée par **Charles BOUVET**

DEUXIÈME SÉANCE

DONNÉE PAR

CHARLES BOUVET

avec le concours de

M. Lucien CAPET, Mlle Anne VILA

MM. Raymond MARTHE, Pierre BRUN, Joseph JEMAIN

ÉCOLE AUTRICHIENNE

1. **Divertimento** (Violon, Alto, Violoncelle) . . . ***Amadeus-Wolfg. MOZART*** (Salzbourg-Vienne 1756-1791)
   Allegro. — Adagio. — Minuetto. — Allegro.

2. **Alceste** . . . . ***Chr.-W. GLUCK***
   Scène des Enfers.

3. **Sonate** en *la mineur* (Violon et Piano) . . . . ***Franz BENDA*** (Straré-Benatky-Potsdam 1709-1786)
   Larghetto. — Allegro. — Minuetto.

4. **Lieder** . . . . ***François-Joseph HAYDN*** (Rohrau-s/Leitha-Vienne 1732-1809)
   - A. *Chant d'Amour.*
   - B. *Dans le soir.*
   - C. *Idylle.*

5. **Sonate** en *sol mineur* (2 Violons et Piano) (*) . . ***Christoph-Willibald GLUCK*** (Weidenwang-Vienne 1714-1787)
   Andante. — Allegro. — Minuetto.

6. **Idomeneo** . . . . ***A.-W. MOZART***
   Récit et air d'Électre.

7. **Sonate** en *ut mineur* (Violon et Piano) . . . . ***Franz-Heinrich de BIBER*** (Wartenberg-Salzbourg 1644-1704)
   Largo. — Passaglia. — Poco lento.
   Gavotte. — Allegro Agitato.

(*) Collections Ch. BOUVET. — E. DEMETS, 2, rue de Louvois, Paris.

SALLE PLEYEL, 22, rue Rochechouart

Le SAMEDI 27 FÉVRIER 1909, à 9 heures du soir

FONDATION Jean-Sébastien BACH

(7me année) DE PARIS (7me année)

Instituée et dirigée par **Charles BOUVET**

TROISIÈME SÉANCE

DONNÉE PAR

CHARLES BOUVET

avec le concours de

Mme SUZANNE LACOMBE

MM. ÉMILE DE BRUYN, JOSEPH JEMAIN

ÉCOLES DIVERSES

1. **Pièces en duo** (Violon, Violoncelle avec Piano). — ***Jean-Marie LECLAIR*** (Lyon-Paris 1697-1764)
   Chaconne. — Menuet. — Gavotte. — Musette.

2. **Trois Fantaisies** (Violon et Piano) . . . . . . — ***Louis COUPERIN*** (Chaumes-Paris vers 1626-1661)

3. **Gratulations-Cantate** (Air pour Contralto) . . — ***Jean-Sébastien BACH*** (Eisenach-Leipzig 1685-1750)

4. **Sonate** en *fa majeur* (Piano et Violon) . . . . — ***Armand-Louis COUPERIN*** (Paris-Paris 1725-1789)
   Allegro. — Andante. — Menuet.

5. A. **Musette**. . . . .
   B. **Tambourin** . . . . — ***Auteurs inconnus*** (XVIIIe siècle)

6. A. **Air de Danse** (Violon, Alto, Violoncelle). — ***Fr de la TORRE*** (Burgos XVe siècle)
   B. **Deux Symphonies** (Violon, Violoncelle et Piano) . . . . — ***Louis COUPERIN*** (Chaumes-Paris vers 1626-1661)

7. **Pastorale** (Air sérieux) . . . . — ***François COUPERIN*** (Paris-Paris 1668-1733)

8. **Sonate à Trois** (Violon, Violoncelle, Piano). . — ***Jean-Marie LECLAIR*** (Lyon-Paris 1697-1764)
   Adagio. — Allegro. — Sarabande. — Allegro assai.

Toutes les œuvres composant ce programme sont publiées dans la Collection Ch. BOUVET. — E. DEMETS, éditeur, 2, rue de Louvois, Paris.

SALLE PLEYEL, 22, rue Rochechouart

LE VENDREDI 30 AVRIL 1909, à 9 heures du soir

FONDATION Jean-Sébastien BACH

(7me année) DE PARIS (7me année)

Instituée et dirigée par **Charles BOUVET**

QUATRIÈME SÉANCE

DONNÉE PAR

CHARLES BOUVET

sous le patronage de l'Ambassade d'Angleterre

avec le concours de

Mlles CHARLOTTE LUND, HELEN BROWN READ, CONSTANCE PURDY

Mlles RENÉE LÉNARS, LISE BLINOFF

MM. GEORGE HARRIS, CHARLE BOWES, JOSEPH JEMAIN

MM. GUSTAV WAGNER, ÉMILE DE BRUYN, PIERRE BRUN

LA MUSIQUE ANGLAISE AUX XVIe, XVIIe ET XVIIIe SIÈCLES

(Madrigaux anglais)

1. **Sonate** en *la mineur* (Deux Violons et Piano). — ***Henry PURCELL*** (Londres-Londres 1658-1695)
   Grave. — Canzona. — Allegretto.

2. **Madrigaux anglais :**
   - A. *Hear my Prayer, O Lord* (à 3 voix). . . — ***John MUNDY*** (Windsor xvie siècle-1630)
   - B. *Happy, Oh, Happy he* (à 4 voix) . . . . — ***John WILBYE*** (xvie-xviie siècles)
   - C. *Mother, I will have a husband* (à 5 voix). — ***Thomas VAUTOR***
     Avec Harpe-Luth et Basse de Viole.

CAUSERIE PAR M. CHARLES BOUVET

Essai sur l'État de la Musique en Angleterre

AUX XVIe, XVIIe ET XVIIIe SIÈCLES

Aperçu sur les Instruments à clavier

DEPUIS LE XVe SIÈCLE JUSQU'AU XIXe

3. **Pièces pour Virginal et Harpsichord :**
   - A. *Almand*. . . . . — ***Robert JOHNSON*** (Londres xviiie siècle)
   - B. *Galliarde* . . . . — ***Peter PHILLIPS***
   - C. *The Irishe Ho-Hoane, Almand* . . . . . — ***ANON***
   - D. *Prélude, Courante, Fugue*. . . . . — ***Dr John BLOW*** (North-Collingham-Londres vers 1648-1708)

LA MUSIQUE ANGLAISE AUX XVIe, XVIIe ET XVIIIe SIÈCLES

(Madrigaux anglais)

(SUITE)

4. **Airs** pour voix seule (Avec Harpe-Luth et Basse de Viole).

   A. *What then is love but mourning* . . . . . **Philip ROSSETER**
   B. *Follow your saint*. . . . . **Thomas CAMPION**
   C. *If I hop I pine* . . . . } **Philip ROSSETER**
   D. *If I urge my kind desires* . . . . }

5. **Pasameza con variazoni (1617)** (Deux Violons, deux Altos et Violoncelle) . . . . **Thomas SIMPSON**

6. **Airs** pour voix seule (Avec Harpe-Luth et Basse de Viole).

   A. *And would you see my Mistris'face* . . . }
   B. *When Laura smiles*. . . . . } **Philip ROSSETER**
   C. *If she forsake me* . . . . }
   D. *I care not for these Ladies* . . . . **Thomas CAMPION**

7. **Madrigaux anglais :**

   A. *I alway lov'd to call my Lady Rose* (à 5 voix) . . . . **Henry LICHFIELD**
   B. *Say, Love, if ever thou didst find* (à 4 voix). **John DOWLAND** (Westminster-Londres 1562-1629)
   C. *Down the Hills Corina trips* (à 5 voix). . Avec Harpe-Luth et Basse de Viole. **Thomas BATESON** (XVIe-XVIIe siècles)

8. **Sonate** en *la majeur* (Deux Violons et Piano). **William BOYCE** (Londres-Londres 1710-1779)
   Largo. — Fuga. — Adagio. — Minuetto.

SALLE PLEYEL, 22, rue Rochechouart
LE VENDREDI 28 JANVIER 1910, à 9 heures du soir

FONDATION Jean-Sébastien BACH

(8me année) DE PARIS (8me année)

Instituée et dirigée par **Charles BOUVET**

PREMIÈRE SÉANCE

DONNÉE PAR

CHARLES BOUVET

avec le concours de

Señora de ***

MM. ALEXANDRE GUILMANT, LLOBET, RENÉ MICHAUX
MM. GEORGES PAPIN, JOSEPH JEMAIN

LA MUSIQUE ESPAGNOLE AUX XVe ET XVIe SIÈCLES

1. **Pues à mi des consolado tantos males me rodean** (Orgue) . . . . *Juan de CABEZON* (Frère d'Antonio)
2. **Pièces pour le Luth** (Clavecin).
   - A. *Mille Regrés* (Cancion llamada del Emperador). . . . . *Luis de NARVAÈS* (1538)
   - B. *Pavana de Alexandre* . . . .
   - C. *Fantasia* . . . . *Alonso de MUDARRA* (1546)
3. *Anr. de VALDERRABANO* (1547)
   - A. **Proverbio,** *De hacer lo que juré* . . . . .
   - B. **Cancion,** *Senora si te olvidare* . . . . . .
   - C. **Soneto** *a manera de ensalada contrahecho al de Cepeda* . . . . (Sonnet à la manière d'un pot-pourri de Cepeda.)
4. **Aire de danza para instrumentos** (Dessus de Viole, Viole et Basse de Viole) . . . . *Fo de la TORRE* (Burgos xve siècle)
5. **Pavana Italiana** (Orgue) . . . . *Antonio de CABEZON* (Le Sublime Aveugle)
6. **Pièces pour la Guitare :** *Alonso de MUDARRA* (1546)
   - A. *Pavana para Guitarra* . . . .
   - B. *Romanesca :* O guardame las vascos . . .
7. *Diego PISADOR* (1552)
   - A. **Romances**. . . . .
   - B. **Andechas** *(Élégie)*. Poésie de Garcilaso. .
   - C. **Villancicos** . . . .
8. **Pièces pour le Luth** (Clavecin). *Luis MILAN* (El Maestro 1536)
   - A. *Pavanas* . . . .
   - B. *Qua la bella Franceschina*. . . . .
   - C. *Tañer de Gala* (Chant de fête). . . . . .
9.
   - A. **Romances** . . . . *Miguel de FUENLLANA* (1554)
     De Antequera sole el moro.
     A las armas moriscote.
   - B. **Villanesca** . . . . *Esteban DAZA* (1576)
     Ay! de mi, sin ventura.
10. *Hermando de CABEZON* (Fils d'Antonio)
    - A. **Ad Dominem cum Tribularer** . . . . . .
      Fuga en 4 con el tiple (Orgue).
    - B. **Pis ne me puluenir** . . . .
      Glosado (Glose pour Orgue).

SALLE PLEYEL, 22, rue Rochechouart

Le MARDI 22 MARS 1910, à 9 heures du soir

FONDATION Jean-Sébastien BACH

(8me année) DE PARIS (8me année)

Instituée et dirigée par **Charles BOUVET**

DEUXIÈME SÉANCE

DONNÉE PAR

CHARLES BOUVET

avec le concours de

M. ALEXANDRE GUILMANT

QUATUOR VOCAL ESPAGNOL

LA « MUSICA SACRA » EN ESPAGNE AUX XVe ET XVIe SIÈCLES

1. **Pange lingua** (Orgue) . . . . ***URREDA***
   Interlude.

2. A. **Confitebor tibi, Dominum** (Psaume 137) . ***Juan-Ginés PÉREZ***
   B. **O vos omnes qui transit per Viam** . . . . ***Christophorus MORALÈS***

3. **Pange lingua** (Orgue) . . . . ***Antonio de CABEZON***
   Interludium.
   Tiento del Tercer Tono.
   Prélude (Fugas al contrario).

4. **Dos Canciones religiosas** (attribuées) . . . . . ***Antonio de CABEZON***
   (Sur des paroles profanes).
   A. *De la Virgen que pario...*
   B. *Jesu Christo hombre y dios.*

5. **Te lucio ante terminum** (Orgue) . . . . . . ***Antonio de CABEZON***
   (Hymne).
   Dic nobis, Maria.

6. A. **Domine ad adjuvandum me** . . . . ***AUTEUR INCONNU (Espagne XVIe)***
   B **Magnificat** . . . . ***Franciscus GUERRERO***

7. **Dulce memoriæ** (Orgue) . . . . ***Hernando de CABEZON***

DEUX SÉANCES

DONNÉES EN

BELGIQUE

SALLE ÉRARD, 6, rue Latérale, BRUXELLES

Le VENDREDI 18 NOVEMBRE 1904, à 8 heures 1/2 précises

FONDATION Jean-Sébastien BACH

(2me année) DE PARIS (2me année)

Instituée et dirigée par **Charles BOUVET**

LA SONATE POUR VIOLON ET BASSE CHIFFRÉE

au XVIIme et au XVIIIme siècle

UNE SÉANCE

DONNÉE PAR

CHARLES BOUVET

Violoniste

avec le concours de

M. JOSEPH JEMAIN

Pianiste

PROGRAMME

ÉCOLE ITALIENNE

Sonate en *ré majeur* . . . . ***Arcangelo CORELLI*** (Fusignano-Rome 1653-1713)

Grave. — Allegro. — Allegro. — Adagio. — Allegro.

ÉCOLE ALLEMANDE

Sonate en *ut mineur* . . . . ***Jean-Sébastien BACH*** (Eisenach-Leipzig 1685-1750)

Adagio. — Presto. — Adagio. — Vivace.

ÉCOLE ANGLAISE

Sonate en *sol mineur* . . . . ***Henry PURCELL*** (Londres-Londres 1658-1695)

Adagio. — Moderato. — Adagio con espressione. — Vivace.

ÉCOLE AUTRICHIENNE

Sonate en *ut mineur* . . . . ***François-Heinrich de BIBER*** (Wartenberg-Salzbourg 1638-1698)

Largo. — Passacaille. — Poco lento. — Gavotte. — Allegro agitato.

ÉCOLE FRANÇAISE

Sonate en *mi mineur* . . . . ***François FRANCŒUR*** (Paris-Paris 1698-1787)

Adagio. — Corrente. — Sarabande. — Rondeau.

Voir note XI.

SALLE DU CERCLE ARTISTIQUE ET LITTÉRAIRE
rue d'Arenberg, ANVERS
Le JEUDI 16 FÉVRIER 1905, à 8 heures 1/2 du soir

FONDATION Jean-Sébastien BACH

(3me année) DE PARIS (3me année)

Instituée et dirigée par **Charles BOUVET**

UNE SÉANCE

DONNÉE PAR

CHARLES BOUVET

Violoniste

avec le concours de

Mlle MARIE LASNE, M. JOSEPH JEMAIN, M. GASTON BLANQUART
Cantatrice ***Pianiste*** ***Flûtiste***

PROGRAMME

1. **Sonate** en *ré majeur* (Violon et Piano) . . . . ***G.-F. HÆNDEL*** (1685-1759)
Adagio. — Allegro. — Larghetto. — Allegro.

2. A. **Thésée** (Air de *Vénus*) . . . . ***J.-B. LULLI*** (1633-1687)
B. **Se tu m'ami**. . . . . ***G.-B. PERGOLÈSE*** (1710-1736)
C. **Berceuse** . . . . ***W.-A. MOZART*** (1756-1791)
D. **Les Fêtes Vénitiennes** (Air de la *Farfalla*) ***A. CAMPRA*** (1660-1744)

3. **Sonate** en *mi bémol* (Flûte et Piano) . . . . . ***J.-S. BACH*** (1685-1750)
Allegro moderato. — Siciliano. — Allegro.

4. **Sonate** en *sol majeur* (Violon et Piano). . . . ***F.-J. HAYDN*** (1732-1809)
Andante. — Allegro.

5. **Cantate** pour le 1er Dimanche de l'Épiphanie . ***J.-S. BACH*** (1685-1750)
Air : *Liebsten Jesu, mein Verlangen.*

6. **Sonate** en *la majeur* (Violon et Piano). . . . ***J.-S. BACH*** (1685-1750)
Andante. — Allegro assai. — Andante. — Presto.

7. A. **Armide** (Air de la *Naïade*) . . . . ***C.-W. GLUCK*** (1714-1787)
B. **Chants populaires de France.**
1. *Bergère aux champs* . . XVIIIe siècle.
Recueilli et harmonisé par J. Tiersot.
2. *Bergère légère* . . . . . XVIIIe siècle.
Recueilli et harmonisé par Wekerlin.
3. *Chanson à danser*. . . . XVIIe siècle.
Recueillie et harmonisée par Perilhou.

8. **Sonate en trio**, *sol majeur* (Flûte, Violon et Piano) . . . . ***J.-S. BACH*** (1685-1750)
Largo. — Vivace. — Adagio. — Presto.

PIANO ÉRARD

NOTES EXPLICATIVES

AYANT FIGURÉ SUR LES PROGRAMMES
DE LA
FONDATION JEAN-SÉBASTIEN BACH

I

CHANTS SACRÉS

J.-S. BACH

Doux Seigneur Jésus! Ou restes-tu si longtemps?

1. Doux Seigneur Jésus, où restes-tu si longtemps?
Viens donc, je suis si inquiet sur la terre,
Viens donc, et, si cela te plaît aussi,
Emporte-moi de ce monde plein d'angoisse.
Viens donc, Seigneur Jésus, où restes-tu si long-
Viens donc, je suis si inquiet sur la terre. [temps?

2. Tout est si vilain sous le soleil,
La joie est fugitive, la volupté éphémère;
La grandeur, les plaisirs, la richesse et l'art,
Tout n'est que images opaques et fumée.
Viens donc, etc.

3. Pare-toi donc, âme croyante,
Emplis d'huile la lampe et l'allume,
Pour être prête à l'heure de minuit
Et te rendre aux noces divines.
Viens donc, etc.

2

Ames, venez, ce jour.

Ames venez, ce jour doit être célébré;
Chantez la gloire de Dieu avec des paroles nouvelles;
Aujourd'hui l'esprit sublime a suscité maints héros,
Priez donc pour qu'il salue aussi les cœurs.

Celui que l'esprit de Dieu vivifie
Celui que la parole de Dieu éveille,
Celui qui porte les prémices de sa grâce,
Qu'il se joigne à nous et proclame la foi en Dieu;
Elle est présente à cette fête et s'y renouvelle chaque
[jour.

3

Brise-toi en deux mon pauvre cœur.

1. Brise-toi en deux mon pauvre cœur;
Mon pauvre cœur, brise-toi en deux!
Ah! ma douleur, ma grande douleur,
Elle est si pleine et si diverse!
Le ciel frissonne,
La terre tremble.
Ah! Détresse! *(ter)*.
Doux Jésus, mon trésor est mort *(bis)*.

2. Doux Jésus, mon trésor et ma vie,
Je t'apporte mon cœur, accepte-le!
Il doit renoncer au monde,
Pleurer, se plaindre, comme il peut,
Aussi longtemps qu'il se meut il s'agite.
Ah! Détresse! *(ter)*, etc.

4

C'en est fait de ma vie.

1. C'en est fait de ma vie;
Que Dieu la reprenne, lui qui me l'a donnée;
Il n'y a plus une goutte dans le tonneau!
Aucune lueur ne peut plus briller,
La lumière de la vie est éteinte;
Il n'y a plus un petit grain dans le verre.
C'en est fait, tout est consommé;
Monde, bonne nuit! *(bis)*.

2. Monde, bonne nuit, garde ce qui te revient,
Et laisse-moi Jésus pour mien,
Car je n'abandonne pas mon Jésus.
Dieu vous garde, mes amours!
Ne vous laissez pas affliger par ma mort,
Elle me conduit à la vraie lumière.
C'en est fait, tout est consommé,
Monde, bonne nuit! *(bis)*.

G. H.

II

LE PARNASSE ou L'APOTHÉOSE DE CORELLI

Grande Sonate en trio de

François COUPERIN

(Paris-Paris
1668-1733)

Grave. — Corelli, aux pieds du Parnasse, prie les Muses de le recevoir parmi elles.

Allegro moderato. — Corelli, charmé de la bonne réception qu'on lui fait au Parnasse, en marque sa joie. — Il continue avec ceux qui l'accompagnent.

Moderato. — Corelli, buvant à la source d'Hippocrène, sa troupe continue.

Vivo. — Enthousiasme de Corelli, causé par les eaux d'Hippocrène.

Molto moderato. — Corelli, après son enthousiasme, s'endort, et sa troupe joue le sommeil suivant, très doux.

Vivo. — Les Muses réveillent Corelli et le placent au Parnasse.

Allegro ma non troppo. — Remerciement de Corelli.

III

AIR DE PALES

De la Cantate pour l'Anniversaire de Naissance
du Duc de Saxe Christian Weissenfels

Jean-Sébastien BACH

(Eisenach-Leipzig
1685-1750)

« Puisque les troupeaux chargés de laine opulente sont joyeusement poussés à travers ces plaines célèbres au loin;

» Vive le héros saxon! »

H. W.

IV

CONCERTS ROYAUX

François COUPERIN

(Paris-Paris
1698-1787)

(Préface de l'édition de 1722)

Les pièces qui suivent sont d'une autre espèce que celles que j'ai données jusqu'à présent. Elles conviennent non seulement au clavecin, mais aussi au violon, à la flûte, au hautbois, à la viole et au basson.

Je les ai faites pour les petits Concerts de Chambre où Louis XIV me faisait venir presque tous les dimanches de l'année.

Ces pièces étaient exécutées par MM. Duval, Philidor, Alarius et Dubois; j'y touchais le clavecin.

Si elles sont autant du goût du public qu'elles ont été approuvées du feu Roi, j'en ai suffisamment pour en donner dans la suite quelques volumes complets. Je les ai rangées par tons et leur ai conservé pour titre celui sous lequel elles étaient connues à la Cour en 1714 et 1715.

François COUPERIN.

V

CHANTS DE LA VIEILLE FRANCE

(Du XIIIme au XVIIIme Siècle)

Transcrits et harmonisés par J. TIERSOT

Paroles modernes d'Émile BLÉMONT

Seule est écrite la partie vocale de ces chants.

M. J. TIERSOT, se basant sur ce que les maîtres contemporains ou proches de ces productions considéraient la mélodie préexistante comme une matière première propre à être soumise à toutes leurs combinaisons harmoniques, a cru devoir y ajouter un accompagnement en se rapportant toutefois au caractère particulier de chacune de ces œuvres.

Il a pensé construire ainsi un cadre approprié le mieux possible au tableau.

CH. B.

VI

DAS MUSIKALICHE OPFER *(L'Offrande musicale)*

J.-S. BACH

Cédant aux instances du roi de Prusse, Frédéric II, J.-S. BACH, d'humeur fort peu voyageuse, se rendit à la Cour de Potsdam au mois de mai de l'année 1747.

J.-S. BACH demanda au roi de Prusse de lui donner un sujet de fugue; Frédéric le Grand y consentit; voici le thème qu'il lui donna :

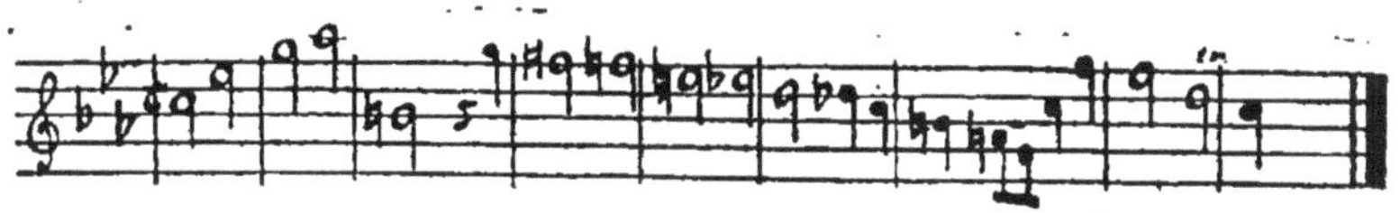

Prenant alors ce *thema regium*, J.-S. BACH émerveilla tout le monde en improvisant d'abord sur tous les clavecins du palais, puis sur toutes les orgues de la ville.

Rentré à Leipzig, J.-S. BACH refit de mémoire l'improvisation qu'il avait exécutée devant le roi et écrivit la fugue à trois parties; mais trouvant cette œuvre trop insignifiante, il composa la fugue à six parties qu'il intitula : *Ricercare*, c'est-à-dire recherchée, ainsi que la série d'œuvres qui figure au programme de la Fondation J.-S. BACH, et qu'en deux envois il adressa au roi avec cette suscription : *Das Musikaliche Opfer (L'Offrande musicale)*.

C'est la première fois que l'on exécute intégralement l'*Offrande musicale*.

CHARLES BOUVET.

VII

EXTRAIT DE LA PRÉFACE DE L'ÉDITION DE 1724

Le goût italien et le goût français ont partagé, depuis longtemps (en France), la République de la Musique; à mon égard, j'ai toujours estimé les choses qui le méritaient, sans exception d'auteurs ni de nation, et les premières sonates italiennes qui parurent à Paris, il y a plus de trente années, et qui m'encouragèrent à en composer ensuite, ne firent aucun tort, dans mon esprit, ni aux ouvrages de Lulli, ni à ceux de mes ancêtres qui seront toujours plus admirables qu'imitables. Ainsi, par un droit que me donne ma neutralité, je vogue toujours sous les heureux auspices qui m'ont guidé jusqu'à présent.

La musique italienne ayant le droit d'ancienneté sur la nôtre, on trouvera, à la fin de ce volume, une grande sonate en trio qui a pour titre : *L'Apothéose de Corelli.* Une légère étincelle d'amour-propre m'a déterminé à la donner en partition. Si quelque jour ma muse s'élève au-dessus d'elle-même, j'oserai entreprendre aussi, dans un autre genre, celle de l'incomparable M. de Lulli, quoique ses seuls ouvrages dussent suffire à l'immortaliser.

F. C.

VIII

L'APOTHÉOSE DE LULLI

Concert instrumental

Composé à la mémoire immortelle de l'incomparable M. de Lulli

PRÉFACE ET AVIS DE L'ÉDITION DE 1725

Si le désir de réussir de plus en plus dans quelques ouvrages, peut rendre le dernier encore meilleur, j'aurai de quoi remplir le zèle qui m'a animé à composer celui-ci. Ma Minerve m'a poussé à l'entreprendre presque aussitôt que j'en ai eu formé le plan. D'ailleurs, je l'avais fait espérer au public dans le livre de Concerts que j'ai donné au mois de juillet dernier. Tout ce que j'appréhende, en voulant faire honneur au plus grand homme en musique que le dernier siècle ait produit, c'est de diminuer le préjugé de ceux qui ne connaissent ses ouvrages que par la renommée, car d'ailleurs ce qu'il a fait pour le théâtre est au-dessus de toutes louanges, et, de ma part, c'est plutôt un hommage que je prétends rendre à sa mémoire qu'un panégyrique harmonique que j'ai prétendu faire.

AVIS

Ce *trio*, ainsi que l'*Apothéose de Corelli*, et le livre complet de *trios* que j'espère donner au mois de juillet prochain, peuvent s'exécuter à deux clavecins, ainsi que sur tous les autres instruments. Je les exécute dans ma famille et avec mes élèves avec une réussite très heureuse; savoir, en jouant le premier dessus et la basse sur un clavecin, et le second avec la même basse sur un autre à l'unisson. La vérité est que cela engage à avoir deux exemplaires au lieu d'un, et deux clavecins aussi. Mais je trouve d'ailleurs qu'il est souvent plus aisé de rassembler ces deux instruments que quatre personnes faisant leur profession de la musique. Deux épinettes à l'unisson (à un plus grand effet près) peuvent servir de même. La seule chose qu'il faille observer, c'est de se régler toujours sur la valeur des notes pour les agréments qui doivent la remplir. Les instruments d'archet soutenant les sons et, au contraire, le clavecin ne pouvant les perpétuer, il faut de toute nécessité battre les cadences ou tremblements et les autres agréments, très longtemps, et moyennant cette attention l'exécution n'en paraîtra pas moins agréable, d'autant que le clavecin a, dans son espèce, un brillant et une netteté qu'on ne trouve guère dans les autres instruments.

Je continuerai mes ouvrages dans la forme où j'ai donné les précédents, pour la commodité de ceux qui en veulent faire relier plusieurs dans un seul volume.

François COUPERIN.

Gravement. — Lulli aux Champs-Élysées concertant avec les ombres lyriques.

Gracieusement. — Air, pour les mêmes.

Très vite. — Vol de Mercure aux Champs-Élysées pour annoncer qu'Apollon y va descendre.

Noblement. — Descente d'Apollon qui vient offrir son violon à Lulli et sa place au Parnasse.

Vite. — Rumeur souterraine causée par les auteurs contemporains de Lulli.

Dolemment et très lié. — Plaintes des mêmes pour des flûtes et des violons très adoucis.

Très légèrement. — Enlèvement de Lulli au Parnasse.

Largo non troppo. — Accueil entre doux et hagard fait à Lulli par Corelli et par les muses italiennes.

Gracieusement. — Remerciement de Lulli à Apollon.

ESSAI EN FORME D'OUVERTURE

Élégamment et sans lenteur. — Apollon persuade Lulli et Corelli que la réunion des goûts français et italiens doit faire la perfection de la Musique.

AIR LÉGER

Allegretto. — Lulli jouant le sujet et Corelli l'accompagnant.

SECOND AIR

Même mouvement. — Corelli jouant le sujet à son tour que Lulli accompagne.

SONATE EN TRIO

Gravement. — La paix du Parnasse faite aux conditions, sur la remontrance des muses françaises, que lorsque l'on y parlerait leur langue on dirait dorénavant sonade, cantade, ainsi qu'on prononce ballade, sérénade, etc.

Vivement. — Saillie.

* * *

IX

Idomeneo	*Air d'Idamante.*
Ariette française	*Oiseaux si tous les ans...*
Canzonetta italienne	*Ridente la calma...*
Ariette française	*Dans un bois solitaire et sombre...*

Les compositions vocales que M. CH. BOUVET fait entendre aujourd'hui sont toutes œuvres de la jeunesse de MOZART.

Mais au fait, tout n'est-il pas œuvre de jeunesse dans MOZART? *Figaro*, *Don Juan*, écrits vers trente ans, *la Flûte enchantée* à trente-cinq, et le *Requiem*, conçu dans les transes de l'agonie, quand l'auteur n'avait pas encore accompli sa trente-sixième année!... Il est vrai. Et pourtant les œuvres inscrites sur ce programme de la Fondation J.-S. BACH méritent plus particulièrement encore cette qualification. La plus mûre est un fragment d'*Idoménée*, l'œuvre des vingt-cinq ans de MOZART (la répétition générale en eut lieu juste le jour où il atteignit cet âge, 27 janvier 1781); quant aux autres morceaux, ils sont plus anciens encore : les romances françaises composées en 1778, l'ariette italienne remontant jusqu'à 1772.

Idoménée est un opéra italien du XVIIIᵉ siècle : genre faux par essence, auquel le génie d'un MOZART pouvait seul inspirer une vie durable. La virtuosité y commande; mais malgré cela, la musique ne cesse pas un seul moment d'être expressive.

Voyez l'air d'entrée d'*Idamante* (celui que chante, ce soir, M. PLAMONDON). Le jeune prince attend le retour de son père, le roi Idoménée, en songeant, ainsi qu'il convient, à ses amours. Le sentiment général est pompeux et formulaire : mais qu'un seul mot se prête à l'expression, et l'on verra comme MOZART saura le mettre en relief pour en tirer parti! Nous l'apercevons dès le récitatif, terminé par un vers dont il a fait un chant d'amour des plus tendres. Dans le corps de l'air, il a pu placer le second motif sur ces vers :

Me'l dica il labro almeno,
E non chiedo altra merce.

Aussi, quel accent suave et passionné prend ici le chant, tandis que, chez tant d'autres, le « motif à la dominante », mis à cette place, est sec et de pure forme! Il n'est pas jusqu'à la vocalise finale qui ne serve à donner de l'allure à la terminaison.

C'est comme le panache qui achève la silhouette... Dans de tels airs, la vocalise fait partie intégrante de la composition, exactement au même titre que les traits dans une sonate d'instruments (1).

Pour les airs français (*Oiseaux, si tous les ans*... et *Dans un Bois solitaire*), nous sommes renseignés sur leurs origines par deux lettres de MOZART à son père écrites de Mannheim les 7 et 28 février 1778 : c'est là qu'il les composa pour Mlle GUSTL WENDLING, fille de son ami le flûtiste, laquelle, dit-il, lui en avait fourni les poésies (trouvées, sans doute, dans quelque journal de modes français). « Elle les chante, déclare-t-il, d'une manière incomparable. » Précisément, avant cette phrase on lit dans la même lettre : « Chez WENDLING, ils sont tous d'accord que mon genre de compositions plairait extrêmement à Paris. Il est certain que je ne serais pas du tout inquiet, car vous savez que je puis prendre et imiter tous les genres et tous les styles. » L'on ne saurait méconnaître, en effet, qu'en écrivant ces deux morceaux, MOZART a donné d'excellents modèles de la romance française au XVIIIe siècle, à cette nuance près qu'un compositeur français n'aurait pas résisté à introduire quelques rythmes de menuets ou de gavottes tandis que chez MOZART, maître allemand malgré tout, le souci de l'expression intérieure prime toute autre préoccupation.

De même l'ariette : « *Ridente la calma* » imite parfaitement le style des *Canzonette* de l'École napolitaine. Ce petit morceau, avons-nous dit, date de l'année 1772, à la fin de laquelle MOZART entreprit un troisième voyage en Italie. Il avait alors seize ans, et avait déjà fait plusieurs tournées dans toute l'Europe, en France, Belgique, Hollande, Angleterre, Italie, sans parler d'incursions diverses en Allemagne. Comme d'autre part la *Canzonetta* est inscrite au catalogue général de ses œuvres (Köchel) sous le n° 152, il en résulte qu'à seize ans MOZART avait déjà écrit plus de cent cinquante œuvres venues jusqu'à nous (sans parler de tout ce qui s'est perdu), au nombre desquelles il faut compter plusieurs opéras, des oratorios, des messes, des symphonies, quatuors, sonates, etc., etc. Ce qu'il écrivait à seize ans pouvait donc, après un tel apprentissage, passer à bon droit pour œuvre de maturité !

JULIEN TIERSOT.

X

La Cantate de BACH : *Herr, gehe nicht in's Gericht* (*Seigneur ! n'appelle pas en Jugement*, B. g. 146), de laquelle est tiré l'air que chante Mme JANE ARGER, exprime dans son ensemble la crainte des hommes à la pensée du dernier Jugement, et l'air lui-même dit les angoisses du pécheur tourmenté par l'idée des peines de l'enfer.

« Combien tremblent et chancellent les pensées du pécheur !... Ainsi une conscience angoissée est déchirée par ses propres tortures... »

Telles sont les paroles que chante la voix de Soprano, en un long dialogue avec le Hautbois « le grand soliste pathétique de l'orchestre de BACH », dit M. ANDRÉ PIRRO dans sa belle étude sur *l'Esthétique de Jean-Sébastien BACH*. « En motifs entrecoupés, continue-t-il, l'instrument exprime toute l'angoisse de l'âme chancelante, dès le début de l'air de Soprano, dans la Cantate *Herr, gehe nicht in's Gericht*. »

Particularité peut-être unique dans l'œuvre de BACH, aucune Basse ne soutient le lent déroulement de la voix et de l'instrument soliste, et l'accompagnement de l'air est entièrement formé par une sorte de tremblement des violons « dont les accords répétés, dit encore M. PIRRO, ne cessent pas de donner des images d'incertitude et de trouble, et ce vacillement n'a même pas le profond soutien de la Basse continue, la partie la plus grave étant jouée dans cet air par l'Alto, et d'un mouvement saccadé ».

J. T.

(1) Voir *le Ménestrel* du 28 septembre 1907 : *Études sur Mozart, « Idoménée », opéra de jeunesse.*

XI

DEUX COMPTES RENDUS

L'Art Moderne (20 novembre 1904. — Bruxelles)

Séance de la « Fondation Jean-Sébastien Bach »
(La Sonate pour Violon et Basse chiffrée au XVIIe et au XVIIIe siècle)

Deux artistes simples, fervents et convaincus (peut-on ne pas l'être quand on se place sous l'égide de Jean-Sébastien Bach ?) ont, vendredi soir, donné à la Salle Erard une séance de Sonates, extrêmement intéressante, tant au point de vue de la vraie beauté qu'ils ont exprimée qu'à celui de l'histoire de la musique : MM. Bouvet, violoniste, et Jemain, pianiste, ont fait en quelque sorte un tableau didactique de ce que fut la musique de violon pendant la période qui s'étend approximativement entre 1660 et 1780; et ce tableau était d'autant plus attachant qu'il comportait en quelque sorte une vue à vol d'oiseau de l'histoire de la sonate dans les divers pays de l'Europe occidentale : Italie, Allemagne, Autriche, France, Angleterre. Rien de plus curieux que de constater quel cosmopolitisme régnait à cette époque au point de vue musical : C'est à peine si l'on discerne chez des tempéraments exceptionnels comme l'Autrichien François-Heinrich de Biber et Jean-Sébastien Bach ce quelque chose de spécialement puissant et profond, qui fait que les musiciens de la Germanie ont pu se libérer assez rapidement des influences italiennes. La *Sonate* en *ut mineur* de Biber fut à ce point de vue la plus frappante; antérieur de près de cinquante ans à J.-S. Bach, le violoniste autrichien montre déjà dans cette œuvre une extraordinaire indépendance, qui certes fait pâlir l'étoile de Corelli, dont MM. Bouvet et Jemain jouèrent la jolie *Sonate* en *ré majeur*. La *Passacaille* de la Sonate de Biber — encore qu'on y sente l'indéniable influence de Frescobaldi — est particulièrement remarquable — et ceci est nouveau — par la merveilleuse entente des ressources violonistiques qu'elle dénote chez son auteur.

La *Sonate* du célèbre compositeur Henry Purcell, fondateur de l'opéra en Angleterre, et celle du Parisien Francœur, furent assurément très goûtées, à cause de leur gracieuse perfection de forme, mais au point de vue historique elles ne constituent guère un progrès sur ce qu'avaient fait précédemment d'autres compositeurs.

Il est inutile de dire que le point culminant de la séance fut l'exécution parfaite de la *Sonate* en *ut mineur* de J.-S. Bach.

D'aucuns, assoiffés « d'automobilisme musical », diront peut-être que MM. Bouvet et Jemain ont une tendance à trop ralentir les *presto* et les *vivace*. Nous nous inclinons devant leur interprétation à laquelle nous ne trouvons rien à redire et nous estimons devoir les encourager à suivre la noble voie dans laquelle ils se sont engagés.

Ch. V.

Le Guide Musical (27 novembre 1904. — Bruxelles)

— Fondation J.-S. Bach. — Sous l'égide du grand nom du cantor de Leipzig, deux artistes parisiens, MM. Charles Bouvet, violoniste, et Joseph Jemain, pianiste, viennent de donner à la Salle Erard une intéressante audition consacrée à la « Sonate pour violon et basse chiffrée au XVIIe et au XVIIIe siècle ».

Outre le nom de Bach, dont MM. Bouvet et Jemain ont exécuté la belle *Sonate* en *ut mineur*, le programme comportait ceux de l'Italien Corelli, de l'Anglais Purcell, de l'Autrichien Biber et du Français Francœur, avec des œuvres rarement entendues, si pas inconnues à Bruxelles. Et ce ne fut pas un des moindres attraits de cette séance que ce rapprochement des diverses écoles, qui, en définitive, procèdent toutes plus ou moins de Corelli, le véritable créateur de la sonate pour violon. Bach lui-même n'a pas dédaigné, semble-t-il, de suivre dans certaines formules le maître italien.

L'exécution fut ce qu'elle devait être de la part de deux artistes convaincus, sachant faire abstraction, au seul profit de l'art, de leurs qualités personnelles de virtuoses, qualités très réelles qu'à mises en valeurs notamment la pittoresque sonate de Biber.

Espérons que nous réentendrons bientôt MM. Bouvet et Jemain. Le répertoire qu'ils ont entrepris de remettre au jour abonde en œuvres du plus haut intérêt, et l'on ne saurait assez encourager leur artistique entreprise.

C. F.

XI

DEUX COMPTES RENDUS

I. — A l'Amphithéâtre (20 novembre 1909). — Bruxelles

Séance de la « Fondation Jean-Sébastien Bach »
(Sonates pour Violon et Basse chiffrée du XVIIe et du XVIIIe siècle)

Deux artistes sincères, fervents et convaincus [illegible]

INDEX ALPHABÉTIQUE

PAGES

ABACO (Ev.-F. dall') :

Sonata da Camera a tre en *sol mineur*, deux violons et piano 43

ANON :

Almand, The Irishe Ho-Heane, virginal 60

ARNE (Th.-A.) :

The topsails shiver in the Wind, contralto 52
By dimpled Brook, soprano. 52
Were the Bee sucks, soprano. 52
Artaxercès, duo : soprano et contralto. 52

BACH (J.-S.) :

Ouverture en *si mineur*, orchestre à cordes, flûte et clavecin. 53, 56
Concerto en *la mineur*, piano, flûte, violon et orchestre. 57
Concerto en *ré mineur*, deux violons, avec orchestre et clavecin . 43, 53, 56
Concerto Brandbourgeois en *si bémol*, deux altos, deux basses de viole, un violoncelle et une contre-basse 38
Concerto Brandbourgeois en *ré majeur*, flûte, violon et piano avec orchestre et clavecin 48, 53, 56
Fugue en *sol mineur*, violon et piano 38
Fugue en *sol mineur*, orgue 56
Invention en *si mineur*, violon et piano 38
Invention en *ré majeur*, violon et piano. 44
Invention en *ut mineur*, violon et piano. 45
Invention en *si bémol*, violon et piano 47
Morceau instrumental, hautbois, violon et basse de viole. 39
L'Offrande musicale, intégralement (Das Musikaliche Opfer) 42
Sonate en *ut mineur*, violon et piano. 34, 66
Sonate en *si mineur*, violon et piano 37
Sonate en *la majeur*, violon et piano 41, 67
Sonate en *mi majeur*, violon et piano 44
Sonate en *ut mineur*, violon et piano. 47
Sonate en *fa mineur*, violon et piano 36
Sonate en *sol majeur*, violon et piano 45
Sonate en *mi mineur*, violon et piano 38
Sonate en trio en *sol majeur*, flûte, violon et piano 39, 49, 67
Sonate en *mi bémol*, flûte et piano. 39, 67
Sonate en *ut majeur*, deux violons et piano 40
Sonate en *sol majeur*, violoncelle et piano 42
Suite en *ré majeur*, violoncelle seul. 35, 48
Suite en *ut majeur*, violoncelle seul 44
Choral : Smück dich, o liebe seele, (Pare-toi, ô chère âme), orgue 56

PAGES

BACH (J.-S.) :

Choral : Nun komm der heiden Heiland, orgue 57
Pastorale en quatre parties, orgue 57
Cantate nuptiale : O holder Tag, envünschte Zeit, soprano et orchestre. Intégralement. 57
Cantate Italienne : Non sa che sia dolore, soprano et orchestre. Intégralement. 53, 56
Cantate Italienne : Amore Traditore, basse et piano. Intégralement 57
Cantate : Heer gehe nicht in's Gericht, air : O flammes cruelles, soprano et hautbois d'amour. 55
Cantate pour tous les temps, soprano et hautbois d'amour 34
Duo. 39
Cantate pour les élections municipales de Leipzig, ténor et violon 38
Cantate pour l'anniversaire de naissance du Duc de Saxe, air de Pales, soprano 39
Cantate pour le lundi de la Pentecôte, soprano avec basse de viole, hautbois et violon. 39
Cantate pour la fête de Maria Reinigung, baryton 40
Cantate pour le dimanche de la Nativité, soprano. 41
Geistliche lieder, Tout près de toi, soprano 37, 51
Messe en *si mineur*, Laudamus te, soprano avec violon. 43
Passion selon saint Mathieu, soprano. 34
Passion selon saint Mathieu, contralto avec violon 35, 47
Passion selon saint Jean, contralto avec basse de viole 47
Gratulations-Cantate, contralto. 49, 53, 56, 59
Cantate pour le premier dimanche de l'Épiphanie, soprano 67
Cantate pour la fête de Pâques, soprano et contralto 49
Cantate pour le premier dimanche de l'Avent, soprano 51
Deux chorals, quatuor vocal. 44

BACH (W.-F.) :

Sonate en *mi bémol*, violon et piano. 49
Capriccio, clavecin 49

BACH (K.-Ph.-E.) :

Sonate en *ut mineur*, violon et piano. 49
Sonate en *sol mineur*, deux violons et piano 51
Les Israélites au désert, soprano. 49
Petrus, contralto 49

BACH (J.-Christophe) :

Sonate, clavecin 49

BACH (J.-Christian) :

Trio en *ré majeur*, violon, violoncelle et piano. 49
Andante, clavecin 49
Rondo, soprano. 49
Duo : Gia notte la Saviccina, soprano et contralto 49

BALTZAR (Th.) :

Allemande en *ut mineur*, violon et piano 45

BATESON (Th.) :

Down the Hills Corina trips, madrigal à cinq voix. 61

BENDA (Fr.) :

Sonate en *la mineur*, violon et piano. 58

BIBER (F.-H. de) :

Sonate en *ut mineur*, violon et piano 36, 58, 66

BLOW (D'-J.) :

Prélude, Courante et Fugue, virginal. 60

PAGES

BOËSSET (A. de) :
Objet dont les charmes si doux, soprano 51
Je suis blessé de mille dards, soprano. 51
Qu'Aminthe a de charmants appas, soprano 51

BOUVET (Ch.) :
Essai sur l'état de la Musique en Angleterre aux XVIe, XVIIe et XVIIIe siècles. 21
Aperçu sur les instruments à clavier, depuis le XIVe siècle jusqu'au XIXe 25

BOYCE (W.) :
Sonate en *la majeur*, deux violons et piano 40, 52, 61
Heart of Oak, contralto 52

BULL (J.) :
The King's hunting Jigg, virginal 52

BYRD (W.) :
Pavana : The Earle of Salisbury, virginal. 52

CABEZÒN (Ant. de) :
Pavana Italiana, orgue 62
Pange lingua, orgue. 63
Tiento del Tercer Tono, orgue 63
Te lucio ante terminum, orgue. 63
Dic nobis, Maria, orgue. 63
Dos Canciones religiosas, quatuor vocal 63

CABEZÒN (H. de) :
Ad Dominem cum Tribularer, orgue. 62
Pis ne me puluenir, orgue 62
Dulce memorial, orgue 63

CABEZÒN (J. de) :
Pues à mi desconsolàdo tantos males me rodean, orgue 62

CALDARA (A.) :
Sebben crudele, baryton. 45

CAMPION (Th.) :
Follow your saint, air à voix seule (soprano) avec luth et basse de viole 61
I care not for these ladies, air à voix seule (ténor) avec luth et basse de viole. 61

CAMPRA (A.) :
Les fêtes vénitiennes, air de la Farfalla, soprano 67

CATALOGUE des Œuvres Exécutées à la Fondation J.-S. BACH :
École Française 8
— Italienne 10
— Allemande 12
— Autrichienne 14
— Anglaise. 16
— Espagnole. 18

CARISSIMI (J.) :
Les lamentations de la fille de Jephté, soprano 36
Les Plaintes d'Ezéchias, ténor 38

CAVALLI (Fr.) :
Giasone, Air : Un vague espoir de tes yeux aimés, soprano 55

CLÉMENS (J. non papa) :
Or, puisqu'il est si noble damoiselle, soprano 51

CLÉRAMBAULT (L.-N. de) :
Orphée, récitatif et air, soprano. 46

PAGES

CORELLI (Arc.) :
Sonate en *ré majeur*, violon et piano. 34, 66
Sonate en *ré majeur*, deux violons et piano 40
Concerto grosso en *ut mineur*, deux violons, violoncelle et orchestre à cordes 48

COSTELEY (G.) :
Mignonne, allons voir, quatuor vocal. 44

COUPERIN (L.) :
Deux symphonies, dessus de viole, basse de viole et clavecin . . . 50, 59
Trois Fantaisies, dessus de viole et clavecin. 50, 59
Grand Prélude, clavecin. 50
Fantaisie, clavecin. 50
Pièces de trois sortes de mouvement, clavecin 50
Branle Basque, clavecin. 50
Sarabande en Canon, clavecin 50
Duo, clavecin 50
Le Tombeau de M. de Blancrocher, clavecin. 50

COUPERIN (Fr., le grand) :
L'Apothéose de Corelli, deux violons, basse de viole et clavecin. 37, 38, 40
L'Apothéose de Lulli, deux violons, basse de viole et clavecin. . . 43, 46
Les Nations (La Française), Sonate en *mi mineur*, deux violons, basse de viole et clavecin 50
Concerts Royaux, concert en *ré majeur*, violon, basse de viole et clavecin. 39
Sœur Monique, basse de viole et clavecin 38
Leçons de Ténèbres, Motet, deux soprani. 50
Petit Motet à deux voix seules 50
Motet à voix seule et flûte, basse de violon et clavecin 50
Pastorale, Air sérieux, soprano et clavecin. 50, 55, 59

COUPERIN (A.-L.) :
Sonate en *fa majeur*, violon et piano 50, 59

COUPERIN (G.-F.) :
Sonate en *ut majeur*, violon et piano 50

CRÉQUILLON (Th.) :
Quand me souviens, soprano 51

DAZA (E.) :
Villanesca, soprano avec luth 62

DOWLAND (J.) :
Say, Love, if ever those didst find, madrigal à quatre voix 61

DUPORT (J.-P.) :
Pièces en *ré majeur*, violoncelle seul 46

FARNABY (G.) :
A Toye, virginal. 52

FORQUERAY (A.) :
Le Carillon de Passy, basse de viole et clavecin. 47
La Latour, basse de viole et clavecin 47

FRANCŒUR (F.) :
Sonate en *mi mineur*, violon et piano 39, 46, 66

FRESCOBALDI (Gir.) :
Due Canzoni a due canti, deux violons et piano. 51

FUENLLANA (M. de) :
Romanesca, soprano avec luth. 62

GABRIELI (Giov.) :
Sonata a tre violini. 51

PAGES

GAVINIÉS (P.) :
Sonate en *sol mineur*, violon et piano 46

GIBBONS (O.) :
Preludio, virginal. 52
The Queen Command, virginal 52

GLUCK (C.-W.) :
Sonate en *sol mineur*, deux violons et piano 58
Armide, air de la Naïade, soprano 36
Iphigénie, air d'Agamemnon, baryton . . . .
Alceste, scène des Enfers, soprano 58

GOUDIMEL (Cl.) :
Psaume, quatuor vocal. 44

GRANDMOUGIN (Ch.) :
Le vieux Bach. 29
Les dernier jours de Jean-Sébastien Bach. 31

GUERRERO (F.) :
Magnificat, quatuor vocal 63

GUESDRON (P.) :
Passion insensée, soprano 51

HÆNDEL (G.-F.) :
Sonate en *la majeur*, violon et piano. 35
Sonate en *ré majeur*, violon et piano. 41, 67
Sonate en *sol mineur*, deux violons et piano 40
Le Messie, Wer mag den Tag..., baryton. 39, 40
Rodelinda, air du Printemps, soprano 41
Rinaldo, Laschia chio pianga, baryton 45
Sosarme, air d'Elmira, soprano. 48

HAYDN (F.-J.) :
Sonate en *sol majeur*, violon et piano 42, 67
Quatuor en *sol majeur*, cordes 45
Les Saisons, air du Laboureur, baryton . . . .
Lieder : Chant d'amour 58
Dans le soir 58
Idylle, soprano. 58
Les Saisons, trio et quatuor 44

HERVELOIS (Caix d') :
Le Papillon, basse de viole et clavecin 47

INCONNUS :
Chants de la vieille France (J. TIERSOT).
XIIIe siècle : La belle au rossignol 42
XIVe — Plainte de celle qui n'est pas aimée 42
XVe — L'amour de moi. 42
XVIe — Mignonne, allons voir si la rose 42
XVIIe — Nicolas va voir Jeanne. 42
XVIIIe — Bergère aux champs, soprano 67

INCONNUS :
Chants populaires de France (WEKERLIN-PERILHOU).
XVIIIe siècle : Bergère légère 67
— Chanson à danser, soprano 67

INCONNUS :
Musette, Tambourin, contralto 59

INCONNUS :
Félicité passée, quatuor vocal 44
Temps passé, quatuor vocal 44

PAGES

INCONNU :

Suite d'orchestre du XVIIe siècle français 55

INCONNU :

Domine ad adjuvandum me, quatuor vocal 63

JANNEQUIN (C.) :

Ce moys de may, quatuor vocal 44

JOHNSON (Rob.) :

Almand, virginal. 60

JONES (R.) :

Chamber Air's en *la mineur*, violon et piano 52

JOSQUIN DES PRÈS :

Stabat Mater, soprano. 51

LECLAIR (J.-M.) :

Sonate en *ut mineur* (le Tombeau), violon et piano. 37

Sonate à trois en *ré majeur*, violon, basse de viole et clavecin. . 41, 46, 59

Pièces en duo, violon et violoncelle, avec clavecin. 44, 45, 59

LEO (L.) :

Concerto en *ré majeur*, quatre violons et piano 55

LICHFIELD (H.) :

I always lov'd to call my Lady Rose, madrigal à cinq voix 61

LOCATELLI (P.) :

Cantabile, basse de viole et clavecin 38

LOTI (A.) :

Pur dicesti, soprano. 43

LULLY (J.-B.) :

Persée, air de Médé, contralto. 35

Air des Songes, contralto. 35

Thésée, air de Vénus, soprano 41, 67

Cadmus et Hermione, air de Cadmus, baryton. . . . .

Armide, scène finale, soprano. 46

MANFROCE (N.) :

Povero cor, baryton 45

MARAIS (R.) :

Suite en *si mineur*, basse de viole et clavecin. 41

MARCELLO (B.) :

Sonate en *ré mineur*, flûte et piano 48

MILAN (L.) :

Pavanas, luth 62

Qua la bella Franceschina, luth. 62

Tañer de Gala (Chant de fête), luth 62

MONDONVILLE (J.-J. Cassanea de) :

Sonate en *fa majeur*, violon et piano 46

MORALÈS (Chr.) :

O vos omnes qui transit per viam, quatuor vocal 63

MOZART (A.-W.) :

Quatuor en *ré majeur*, cordes. 54

Quatuor en *sol mineur*, piano et cordes 54

Divertimento, violon, alto et violoncelle 58

Trio en *mi bémol*, clarinette, alto et piano 47

Sonate en *sol majeur*, piano et violon 54

Berceuse, soprano 41, 67

Noces de Figaro, air de Chérubin : Je ne sais quelle ardeur, soprano 42

PAGES

MOZART (A.-W.) :
Noces de Figaro, air de Suzanne, soprano 43
Idomeneo, air d'Idamante, ténor 54
Idomeneo, récit et air d'Electre, soprano 58
Ariette : Oiseaux, si tous les ans, ténor 54
Ariette : Dans un bois solitaire, ténor 54
Canzonetta : Ridente la calma, ténor 54

MUDARRA (A. de) :
Pavana, guitare 62
Romanesca, guitare 62
Pavana de Alexandre, luth 62
Fantasia, luth 62

MUNDY (J.) :
Hear my Prayer, O Lord, madrigal à trois voix 60

NARVAÈS (L. de) :
Cancion : Mille Regrès, luth 62

PASIELLO (G.) :
Chi vuol la zingarella, baryton 45

PEERSON (M.) :
The Fall of the Leafe, virginal 52

PÉREZ (J.-G.) :
Confitebor tibi, Dominum (Psaume 137), quatuor vocal 63

PERGOLESE (G.-B.) :
Si tu m'ami, soprano 67

PHILLIPS (Pet.) :
Galliarde, virginal 60

PISADOR (D.) :
Romances, soprano avec luth 62
Andechas (Élégie), soprano avec luth 62
Villancicos, soprano avec luth 62

PURCELL (H.) :
Sonate en *sol mineur*, violon et piano 36, 52, 66
Sonate en *fa majeur* (Golden Sonate), deux violons et piano 40, 52
Sonate en *la mineur*, deux violons et piano 60
Didon et Enée : Dido's lament, contralto 52
Tyrannich Love : Ah, how sweet it is to love, soprano 52
The Indian queen : I attempt from love's sickness to fly, soprano 52
The Libertine : Nymphs and Schepherds, soprano 52

RAMEAU (J.-Ph.) :
Pièces de clavecin en concerts, clavecin, violon et violoncelle 35
Le Berger fidèle, cantate française à voix seule (soprano) et symphonie ; intégralement 37
Orphée, cantate française à voix seule (soprano) et symphonie ; intégralement 48
Hippolyte et Aricie, récit et air de Thésée, baryton 40
Motet, *quam dilecta*, soprano 34
Dardanus, air d'Iphèse, soprano 46

RICHARD (F.) :
Amaranthe a des yeux, soprano 51

ROSSETER (Ph.) :
What then is love but mourning, air à voix seule (soprano) avec luth et basse de viole 61
If I hop I pine, air à voix seule (soprano) avec luth et basse de viole 61

PAGES

ROSSETER (Ph.) :
If I urge my kind desires, air à voix seule (soprano) avec luth et basse de viole 61
And would you see my Mistri's face, air à voix seule avec luth et basse de viole 61
When Laura smiles, air à voix seule avec luth et basse de viole 61
If she forsake me, air à voix seule avec luth et basse de viole 61

ROUSSEAU (J.-J.) :
Romance d'Alexis, soprano 42

SCARLATTI (A.) :
Le Violette, soprano 48

SIMPSON (Th.) :
Pasameza con Variazoni, à cinq : deux violons, deux altos et violoncelle 61

STRADELLA (A.) :
Prière, baryton 39

STROZZI (B.) :
Amor dormiglione, baryton 45

TARTINI (G.) :
Sonate en *sol mineur* (Didone desolata), violon et piano 34

TÉLÉMAN (G.-Ph.) :
Musique de table, deux violons et piano 51

TORELLI (G.) :
Concerto en *sol majeur,* deux violons et piano 43

TORRE (F° de la) :
Aire de danza para instrumentos, Dessus de viole, viole et basse de viole 59, 62

URREDA :
Pangue lingua, orgue 63

VALDERRABANO (A. de) :
Proverbio, soprano avec luth 62
Cancion, soprano avec luth 62
Soneto, soprano avec luth 62

VAUTOR (Th.) :
Mother, I will have a husband, madrigal à cinq voix 60

VERACINI (Ant.) :
Sonata a tre en *ut mineur,* deux violons et piano 43

VIVALDI (Ant.) :
Concerto en *si mineur,* quatre violons soli, orchestre à cordes et clavecin 51, 55
Concerto en *fa majeur,* trois violons et piano 55

WILBYE (J.) :
Happy, Oh, Happy he, madrigal à quatre voix 60

NOTES EXPLICATIVES ayant figuré sur les programmes de la Fondation J.-S. Bach 69

DEUX COMPTES RENDUS 75

IMP. CHAIX. — 14114-12-16.

www.ingramcontent.com/pod-product-compliance
Ingram Content Group UK Ltd.
Pitfield, Milton Keynes, MK11 3LW, UK
UKHW021105270726
13993UKWH00006B/1032